KB086477

머리에 쏙쏙! 일등 명언

머리에 쏙쏙! 일등 명언

2014년 10월 27일 초판 1쇄 펴냄 · 2019년 10월 1일 초판 4쇄 펴냄

펴낸곳 | (주)꿈소담이
펴낸이 | 김숙희
글 | 고수산나
그림 | 김 석

주소 | (우)02835 서울특별시 성북구 성북로 66 성북동빌딩 3층 302호
전화 | 747-8970
팩스 | 747-3238
등록번호 | 제6-473호(2002. 9. 3)

홈페이지 | www.dreamsodam.co.kr
북 카 페 | cafe.naver.com/sodambooks
전자우편 | isodam@dreamsodam.co.kr

ISBN 978-89-5689-978-7   64190
ISBN 978-89-5689-724-0   (세트)

머리에 쏙쏙! 일등 명언

고수산나 글 | 김 석 그림

소담 주니어

나에게 힘이 되고
희망과 꿈을 주는 좋은 말, 명언!

촌철살인이라는 말을 들어 본 적이 있나요?

작고 날카로운 쇠붙이로 사람을 죽일 수도 있다는 뜻인데 짧은 말 한마디가 아주 큰 힘을 갖는다는 의미를 가지고 있습니다.

나에게 힘을 준 한마디 말 때문에 어려움을 딛고 일어나 훌륭한 사람이 될 수도 있고, 기를 꺾고 무시하는 말 때문에 절망에 빠질 수도 있지요.

특히 꿈을 키우며 자라는 어린이들에게는 말 한마디가 아주 중요합니다.

이 책은 어린이 여러분들에게 들려주고 싶은 가장 좋은 말을 골랐습니다. 명언이란 훌륭한 말이라는 뜻입니다. 힘이 되고 희망과 꿈을 주는, 그래서 여러분의 인생을 달라지게 만들 수도 있는 좋은 말들이지요.

위인들이 남긴 멋진 말들을 세계 전래동화, 이솝우화, 탈무드, 위인들의 일화로 명언의 내용을 알차고 재미있게 이해할 수 있게 꾸몄습니다.

이 책을 한 번만 읽고 던져두지 말고 늘 곁에 가까이 두세요. 여러분들이 힘들고 지칠 때, 좋은 일이 생겨 우쭐해질 때, 친구와 다투었을 때, 욕심이 생길 때, 세상을 살아가는 어느 때라도 이 책을 펼쳐 보세요. 그때마다 위인들이 나타나 여러분들에게 멋진 도움말을 해 줄 것입니다.

이 책을 읽고 여러분들이 세상을 살아가는 지혜를 배웠으면 좋겠습니다. 그리고 그 지혜를 친구나 주변 사람들에게 나누어 줄 수 있는 사람이 되었으면 합니다.

이 책을 읽는 친구들 중에도 틀림없이 훌륭한 사람이 되어 두고두고 사람들이 기억할 명언을 말할 수도 있고, 많은 사람들이 본받을 만한 멋진 일화를 남길 수도 있을 테니까요.

그럼 우리 함께 명언에 담긴 지혜 속으로 떠나 볼까요?

고수산나

차례

3. 독서에 관한 명언

4. 근면 · 성실에 관한 명언

5. 나눔 · 친절에 관한 명언

6. 욕심 · 재산에 관한 명언

7. 행운 · 행복에 관한 명언

8. 정직에 관한 명언

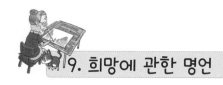

9. 희망에 관한 명언

10. 인내 · 실패에 관한 명언

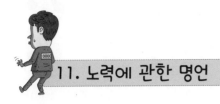

11. 노력에 관한 명언

12. 친구 · 우정에 관한 명언

01

성공·리더십 에 관한 명언

위대한 인물에게는 목표가 있고
평범한 사람들에게는 소원이 있을 뿐이다.

워싱턴 어빙

지혜로운 한 청년이 배를 타고 여행하던 중 폭풍우를 만나 배가 뒤집히고 말았습니다. 물에 빠진 청년이 정신을 차렸을 때는 낯선 섬나라에 떠밀려 와 있었습니다.

청년을 본 섬나라 사람들이 몰려와서 말했습니다.

"저희들의 왕이 되어 주십시오. 저희는 바다를 건너 이곳에 도착하는 분을 왕으로 모시고 있습니다."

청년은 거절했지만 섬나라 사람들은 왕이 되어야 한다고 우겼습니다.

"하지만 1년이 지나면 무인도로 보내집니다. 지금까지 그래 왔습니다."

청년은 왕이 되어 섬나라를 다스리는 동안 백성들에게 명령했습니다.

"무인도에 과일나무를 심어라. 씨를 뿌리고 곡식을 가꾸어라."

백성들은 1년 동안 왕이 시키는 대로 했습니다. 1년 후, 청년은 왕의 자리에서 쫓겨나 무인도로 갔습니다. 하지만 무인도는 그동안 가꾸어 놓은 덕분에 과일들이 주렁주렁 열리고 곡식이 넘쳐 나는 멋진 곳이 되어 있었습니다.

『탈무드』

그동안 섬나라의 왕이 되었던 사람들은 무인도로 쫓겨나서 모두 죽고 말았습니다. 하지만 현명한 청년은 1년 뒤의 자신을 위해 무엇을 해야 하는지 정확히 알고 있었습니다. 평범한 사람들은 막연히 잘되게 해 달라고 소원을 빌지만 현명한 사람들은 뚜렷한 목표를 가지고 삶을 살아간답니다.

성공한 사람이 되려 하기보다는
가치 있는 사람이 되려고 노력하라.

아인슈타인

김점동은 1876년 가난한 집안의 넷째 딸로 태어났습니다.

김점동은 기독교에서 세례를 받고 남편의 성을 따라 이름을 박에스더로 이름을 바꾸었습니다. 의사가 되기 위해 남편과 함께 미국으로 건너간 박에스더는 온갖 고생을 하며 공부하여 의사가 되었습니다.

박에스더가 우리나라에 돌아왔을 때 그는 우리나라 최초의 여의사가 되었습니다. 박에스더는 존경받고 편안한 삶을 살 수 있었지만 귀국하자마자 여성전문병원인 보구여관에서 환자를 치료했습니다.

1900년대 초에는 여자들이 남자 의사에게 몸을 보여 주기를 꺼렸습니다. 그래서 여자 의사인 박에스더는 수많은 여성 환자들을 돌보아야 했습니다. 10년 동안 일 년에 5천 명 이상의 환자를 치료해야 했지요. 또한 맹아학교를 세우고 평안도와 함경도를 돌아다니며 진료 봉사활동을 다녔습니다.

결국 자신의 몸을 돌보지 않고 환자들에게 매달리는 바람에, 박에스더는 34세의 젊은 나이에 폐결핵으로 세상을 떠났습니다.

〈인물 이야기〉

우리나라 최초의 여자 의사였던 박에스더는 그냥 성공한 의사가 아니었습니다. 박에스더는 돈이나 명예를 찾지 않고 오직 병자들을 돌보는 데에 몸과 마음을 다 바쳤습니다. 돈과 명예를 갖는 삶보다 이 세상에 꼭 필요한 가치 있는 삶을 사는 것이 훨씬 더 성공한 삶인 것입니다.

인물 더 알기

아인슈타인(1879~1955)

독일 출신의 유대인 과학자입니다. 유대인을 괴롭히는 나치 세력을 피해 미국에서 활동했습니다. 상대성 이론을 발표해서 인류 역사상 가장 위대한 과학자 중 한 명으로 손꼽히고 있습니다. 1921년에 노벨 물리학상을 수상하였습니다.

명언 하나 더

세상이 당신에게 준 것보다 더 많이 세상에 주는 것, 그것이 바로 성공이다.

― 헨리 포드(포드 자동차 회사의 설립자)

불가능이 뭔지 몰랐기 때문에
그것을 할 수 있었다.

아인슈타인

미국의 열여섯살 소년 딕 포스베리는 높이뛰기 선수였습니다. 하루는 수영 선수들이 재주넘기하는 것을 보고 높이뛰기도 거꾸로 뛰면 어떨까 하는 생각을 했습니다.

당시 높이뛰기 선수들은 곧장 앞으로 달려가 다리를 벌려 가로대를 뛰어넘거나 앞으로 구르며 넘는 방법을 썼습니다. 하지만 포스베리는 배가 하늘을 향하고 등이 가로대와 땅 쪽을 향하게 반대로 뛰는 연습을 했습니다.

"저러다 크게 다칠걸. 죽을지도 몰라."

포스베리는 사람들의 비웃음과 걱정에 대해 말했습니다.

"왜 안 돼? 해 보지도 않고 안 된다니. 내가 멋지게 성공해 보이겠어."

포스베리는 전 세계에서 유일하게 등으로 뛰어넘는 높이뛰기 선수가 되었습니다. 대학생이 된 포스베리는 자신만의 기술로 미국 대표로 올림픽에 출전했고 금메달을 땄습니다.

지금은 대부분의 높이뛰기 선수들이 등을 아래로 하고 뛰는 방법을 택하고 있으며 이것을 포스베리 뛰기, 포스베리 기술이라고 부릅니다.

〈인물 이야기〉

포스베리는 다른 사람은 상상도 못 했던 방법, 또 불가능하다고 손가락질 받던 방법으로 성공을 이루어 냈습니다. 불가능을 가능하게 하는 것은 바로 자기 자신의 의지입니다.

인물 더 알기

아인슈타인(1879~1955)

독일 출신의 유대인 과학자입니다. 유대인을 괴롭히는 나치 세력을 피해 미국에서 활동했습니다. 상대성 이론을 발표해서 인류 역사상 가장 위대한 과학자 중 한 명으로 손꼽히고 있습니다. 1921년에 노벨 물리학상을 수상하였습니다.

명언 하나 더

자신을 어떻게 생각하느냐가 운명을 결정짓는다.

– 헨리 데이비드 소로(미국의 작가)

> 지금 하는 일에 모든 정신을 집중하라.
> 햇빛은 하나의 초점에 모아질 때만
> 불꽃을 내는 법이다.
>
> 알렉산더 그레이엄 벨

과학자 뉴턴과 음악가 베토벤은 자신들이 좋아하는 것에 빠지면 배고픈 것도, 누가 옆에 있는지도 모를 때가 많았습니다.

뉴턴이 학생 때 일입니다. 뉴턴이 수학 문제를 푸는 데 온통 정신을 쏟아붓자, 짓궂은 친구 하나가 뉴턴을 놀려 주기로 했습니다. 친구는 뉴턴의 도시락을 살짝 꺼내어 먹어 버렸습니다. 뉴턴은 친구가 옆에서 자기 도시락을 먹는 것도 모르고 수학 문제를 풀고 있었습니다.

점심시간이 되어 도시락을 꺼낸 뉴턴은 도시락이 텅 비어 있는 것을 보고 말했습니다.

"내가 도시락을 먼저 먹었는데 잊어버린 모양이네."

뉴턴이 도시락 뚜껑을 닫고 태연하게 수학 문제를 다시 푸는 모습을 본 친구는 어이가 없었답니다.

베토벤도 마찬가지였습니다. 하루는 식당에 앉자마자 종이를 꺼내 악보를 그리기 시작했습니다.

하도 오랫동안 집중해서 악보를 그리고 있자, 기다리던 식당 종업원이 베토벤에게 다가가 말을 붙였습니다.

"손님, 저……."

종업원의 말이 끝나기도 전에 베토벤은 지갑을 꺼내며 말했습니다.

"미안해요. 내가 아직 식사 값을 안 낸 모양이군."

아직 주문도 하지 않은 음식의 값을 내려고 하는 베토벤을 보고 종업원은 깜짝 놀랐습니다.

〈인물 이야기〉

돋보기로 햇빛을 모아 종이에 불꽃을 피우려면, 오랫동안 한곳에 초점을 집중해 맞추어야 합니다. 뉴턴과 베토벤은 자신의 일에 몸과 마음, 영혼을 바쳤습니다. 자신이 하고 싶은 일에 온통 정신과 열정을 쏟아야만 그 분야에서 성공할 수 있는 것이지요. 타고난 능력은 열정과 집중력에 비하면 아주 작은 부분이랍니다.

인물 더 알기
알렉산더 그레이엄 벨(1847~1922)
영국 출신의 미국 과학자이자 발명가입니다. 벨은 청각 장애인 치료 전문가였는데 청각 장애인들을 위해 전기로 소리를 전달하는 기계를 만들다 전화기를 발명하게 되었습니다.

명언 하나 더
그대가 자신의 불행을 생각하지 않게 되는 가장 좋은 방법은 일에 몰두하는 것이다.
– 베토벤(독일의 음악가)

> # 할 수 있다고 생각하면 할 수 있고,
> # 할 수 없다고 생각하면 할 수 없다.
>
> 헨리 포드

전쟁 중에 어떤 장군이 열 배나 많은 수의 적군과 싸우게 되었습니다. 장군의 부하들과 군사들은 모두 전쟁에 질 거라며 싸우려고 하지 않았습니다. 전투를 앞둔 날 아침에 장군은 군사들을 모두 모아 놓고 말했습니다.

"내가 어젯밤에 하늘에 기도를 올렸다. 이 전쟁에서 우리가 이기게 될지 알려 달라고 말이다. 여기 동전이 있다. 동전을 던져 동전의 앞면이 나오면 우리가 이기는 것이고 뒷면이 나오면 우리가 지는 것이다."

군사들은 모두 정신을 모아 장군의 말을 들었습니다.

"동전을 던져 앞면이 나오면 우리가 이길 운명이니 싸우러 가고 뒷면이 나오면 질 운명이니 후퇴하겠다."

군사들은 모두 숨을 죽이고 그 모습을 바라보았습니다.

장군이 동전을 던지고 손등에 덮은 후, 군사들에게 동전을 보여 주었습니다.

"앞면이다! 우리가 이길 운명이야!"

군사들은 함성을 지르며 기뻐했습니다. 그리고 힘을 얻어 전투에 나가 열 배나 되는 적군을 물리치고 승리를 거두었습니다.

전투가 끝나고 잔치가 열렸을 때 부하들 중 한 명이 다가와 말했습니다.

"장군님, 정말 우리가 이길 운명이었습니다. 동전의 점이 딱 맞혔군요."

그러자 장군이 동전을 보여 주며 말했습니다.

"동전은 앞면만 있었다네."

〈세상 속 숨은 이야기〉

장군은 군사들의 사기를 높이기 위해 동전의 양면을 모두 앞면으로 만들었습니다. 운명이 승리할 거라고 하니 이길 수 있다는 마음으로 병사들이 전쟁에 나선 것이지요.

운명은 자신이 스스로 만들어 가는 것입니다. 할 수 있다고 생각하면 할 수 있게 되고 할 수 없다고 믿어 버리면 할 수 없게 되는 것입니다.

인물 더 알기

헨리 포드(1863~1947)

미국의 자동차 회사 '포드'를 만든 사업가이자 기술자입니다. 자동차의 왕이라고 불릴 만큼 미국 최대의 자동차 업체를 만들어 냈습니다. 자동차의 부품을 따로따로 조립하는 방식을 통해 자동차를 대량으로 생산했습니다. 덕분에 많은 사람들이 자동차를 탈 수 있게 되었습니다.

명언 하나 더

뜻이 있는 곳에 길이 있다.

– 버나드 쇼(영국의 극작가)

길을 가다가 돌이 나타나면,
약자는 그것을 걸림돌이라고 하고,
강자는 그것을 디딤돌이라고 한다.

토머스 칼라일

1960년 로마 올림픽에서의 일입니다. '올림픽의 꽃'이라고 불리는 마라톤 결승점에는 수많은 사람들이 우승자를 보기 위해 몰려 있었습니다.

잠시 뒤, 1등으로 경기장으로 들어오는 선수를 본 사람들은 모두가 깜짝 놀랐습니다. 그가 마라톤에서 우승한 최초의 아프리카 흑인이라는 점 때문이기도 했지만 무엇보다도 42.195km라는 먼 거리를 달린 선수가 맨발이었다는 점이었습니다.

"세상에, 거친 돌조각과 콘크리트 바닥을 맨발로 달려서 우승했어!"

그는 에티오피아의 선수 아베베였습니다. 그가 우승하자 경기장에 있던 사람들뿐만 아니라 텔레비전을 시청하던 전 세계 사람들이 놀라고 흥분했습니다. 맨발로 마라톤을 뛴 것도 기적인데 거기다 세계 신기록으로 우승까지 했기 때문이지요.

아베베는 정식 국가 대표 선수가 아니었습니다. 그냥 선수단을 따라온 후보 선수였지요. 그런데 마라톤 대표 선수가 그만 몸이 아파 대회에 출전하지 못하게 되었던 것입니다. 아베베는 아픈 선수 대신 출전하려 했지만 마라톤화가 없었습니다.

"나는 맨발로 많이 뛰어다녔어요. 돌부리가 있어도 딱딱한 바닥이어도 상관없어요. 그래도 나는 딛고 일어서서 달릴 거니까요."

아베베는 마라톤화가 준비되지 않아 맨발로 달렸고 대회에서 우승했습니다.

그리고 4년 뒤 도쿄 올림픽에 나왔는데 경기 시작 5주 전에 맹장 수술을 받았습니다. 그래서 아무도 아베베가 우승하리라 생각하지 않았습니다. 하지만 아베베는 마라톤에서 금메달을 목에 걸면서 최초의 그리고 지금까지도 기록이 깨지지 않는 마라톤 2회 연속 우승자가 되었습니다. 다시 한 번 세계 신기록을 세우면서 말이지요.

〈인물 이야기〉

마라톤에서 신발은 기술의 전쟁터라고 불릴 만큼 선수의 기록에 큰 영향을 미칩니다. 하지만 아베베는 맨발로 달려 세계 신기록을 세웠지요. 맨발로 달리거나 수술을 하는 것은 마라톤 선수에게는 커다란 방해물입니다. 하지만 아베베는 자신의 앞에 나타난 걸림돌을 디딤돌로 생각했습니다. 그래서 더 빨리 더 힘차게 달릴 수 있었지요.

인물 더 알기

토머스 칼라일(1795~1881)

스코틀랜드 출신의 영국 평론가 겸 역사가입니다. 철학과 문학, 역사, 정치 등 다방면의 학문을 통해 우리가 살고 있는 세상과 시대에 대해 고민하고 연구했습니다.

명언 하나 더

스스로 알을 깨면 한 마리 병아리가 되지만
남이 깨 주면 계란 프라이가 된다.

– 고인수(삼성 인력 개발원 부원장)

02

도전 에 관한 명언

나는 시합에서 9,000번의 슛을 놓쳤다.
나는 300번의 시합에서 졌다.
나는 내 인생에서 끊임없이 실패했다.
그리고 그것이 내가 성공한 이유다.

마이클 조던

지금으로부터 600여 년 전에 태어난 몽골 출신의 티무르는 자신의 나라를 세우고 싶어 했습니다.

한번은 티무르가 전쟁에 나갔다가 그만 크게 지고 말았습니다. 군사들은 뿔뿔이 흩어졌고 티무르는 적군에게 쫓기는 신세가 되었습니다. 적군에게 오랫동안 쫓겨 지친 티무르는 모든 것을 포기하고 숲 속에 누워 버렸습니다. 그때 곡식 한 알을 짊어지고 나무줄기를 올라가는 개미 한 마리를 보았습니다. 하지만 곧 개미는 미끄러져 굴러떨어지고 말았습니다. 개미는 다시 곡식 한 알을 이고 나무줄기를 올랐지만 또 굴러떨어졌습니다. 한 번, 두 번, 세 번…… 열 번…… 스무 번…… 그렇게 69번을 올라가다 떨어졌습니다. 그리고 마침내 70번째에 곡식 한 알을 짊어지고 나무줄기를 올라가는 데 성공했습니다.

"개미도 저렇게 포기하지 않고 끝까지 해내는데. 부끄럽구나."

티무르는 다시 용기를 얻어 끝까지 싸웠습니다. 그리고 중앙아시아를 차지하는 대제국인 티무르 제국을 세웠습니다.

〈인물 이야기〉

어떤 일에 실패했다고 실망하거나 포기해서는 안 됩니다. 성공한 사람들의 공통점은 실패를 하지 않는 것이 아니라 수많은 실패를 이겨 낸 것입니다.

인물 더 알기

마이클 조던(1963~)

미국의 전설적인 농구 선수입니다. 미국 프로농구에서 활약하다 2003년에 은퇴하였습니다. '농구 황제'라는 별명을 가진 조던은 농구 역사상 가장 위대한 선수로 평가받고 있습니다.

명언 하나 더

천재란 노력을 계속할 수 있는 재능을 가진 사람이다.

– 에디슨(미국의 발명가)

뒤돌아보면 이루지 못한다.
첫걸음을 떼기 전에 앞으로 나갈 수 없고,
뛰기 전엔 이길 수 없다.

김연아

현대 그룹의 초대 회장이었던 정주영은 울산에 배를 만드는 조선소를 세우기로 마음먹었습니다. 하지만 조선소를 짓는 데에는 돈이 아주 많이 필요했습니다. 우리나라 은행에는 그렇게 큰돈이 없었기 때문에 영국 은행을 찾아갔습니다. 은행장이 뭘 믿고 빌려 주냐며 거절하자 정주영은 500원짜리 지폐의 거북선을 보여 주며 말했습니다.

"우리는 500년 전에 세계 최초로 이런 철갑선을 만들어 낸 민족입니다. 내가 세계 최고의 멋진 배를 만들어 낼 테니 돈을 빌려 주시오."

그 용기에 감탄한 은행장은 돈을 빌려 주는 데 한 가지 조건을 걸었습니다. 누군가가 배를 사겠다는 계약서가 있어야 한다는 것이었지요.

그는 온 세계를 돌아다니면서 멋진 배를 만들어 내겠다고 큰소리를 쳤습니다.

결국 그리스 해운계의 거물인 리바노스는 정주영의 자신감을 믿고 유조선 두 척을 주문했습니다. 그 후로 한국의 조선 산업은 크게 발달했고, 우리는 세계에서 배를 제일 많이 잘 만드는 나라가 되었답니다.

〈인물 이야기〉

정주영은 누군가 불가능하다고 하면 "해 봤어?" 하고 물었다고 합니다. 될 때까지 밀어붙이는 그 자신감이 성공의 비결이었지요. 누구에게나 가능성과 능력이 있습니다. 자신감을 갖고 도전을 반복할 때 꿈은 이루어지는 것입니다.

인물 더 알기

김연아(1990~)

대한민국의 피겨스케이팅 선수입니다. 2010년 밴쿠버 동계 올림픽에서 금메달을 땄습니다. 세계 선수권 대회를 비롯한 각종 대회에서 좋은 성적을 거두며 피겨 여왕으로 불리고 있습니다.

명언 하나 더

당신이 믿는 것들을 위해 싸우고 더 밀어붙여요.
당신은 놀라게 될 거예요. 당신은 당신이 생각하는 것보다 강하거든요.

– 레이디 가가(미국의 대중 가수)

가난한 목수의 아들인 소년이 아홉 살이 되던 해에 어머니가 세상을 떠났습니다. 다행히 다음 해에 들어온 새어머니는 친어머니만큼 소년을 사랑하고 돌봐 주었습니다.

청년이 된 목수의 아들은 22세 때 사업을 했으나 쫄딱 망하고 말았습니다. 24세 때 다시 일어섰지만 그의 사업은 또 망하고 말았습니다.

목수의 아들이 26세가 되었을 때에는 약혼녀가 세상을 떠나 한동안 슬픔 속에 살아야 했습니다. 변호사가 되었지만 사람들은 그를 시시하게 여겼고 역시 계속 가난했습니다. 29세 때부터 31세, 34세, 39세, 46세, 47세, 49세에 각종 의원 선거에 나갔지만 모두 떨어지고 말았습니다.

그에게 행운은커녕 늘 실패와 좌절만이 있었습니다. 하지만 그는 한 번도 꺾이거나 멈추지 않고 앞으로 나갔습니다.

그리고 마침내 51세 때 미국의 제16대 대통령에 당선되었습니다. 그의 이름은 바로 에이브러햄 링컨입니다.

링컨은 미국 역사상 가장 훌륭하고 존경받는 대통령으로 남았습니다.

〈인물 이야기〉

링컨은 그 누구보다도 실패와 불행이 많았던 인물입니다. 하지만 모든 것을 극복하고 도전해서 세계의 많은 사람들에게 존경받는 인물이 되었지요. 링컨 자신의 말대로 천천히 가긴 했지만 뒤로 물러서는 사람이 아니었으니까요.

인물 더 알기

에이브러햄 링컨(1809~1865)

미국의 제16대 대통령입니다. 링컨은 정직하고 검소하며 책 읽기를 무척 좋아했습니다. 미국의 남북전쟁에서 북군을 승리로 이끌어 노예 해방을 이룬 인물입니다. 극장에서 남부군의 편이었던 배우에게 총을 맞아 사망했습니다.

명언 하나 더

바람이 불지 않을 때 바람개비를 돌리는 방법은 앞으로 달려가는 것이다.

— 데일 카네기(미국의 작가 · 강사)

누군가 해야 할 일이면 내가 하고,
내가 해야 할 일이면 최선을 다하고,
어차피 해야 할 일이면 기쁘게 하고,
언젠가 해야 할 일이면 바로 지금 하라.

앤드류 매튜스

미국 필라델피아에 사는 존은 가난한 집에서 태어났습니다. 너무나 가난해서 학교도 제대로 다니지 못했고 열세 살 때부터는 벽돌 공장에 나가서 일을 해야 했습니다. 어른들이 하기에도 힘든 일이었지만 존은 가족들을 위해 하루도 빠짐없이 공장에 나갔습니다.

비가 많이 오던 어느 날이었습니다. 제대로 포장된 도로가 아니었던 마을 길은 비가 와서 흙탕길이 되고 말았습니다. 마을 사람들은 물론이고, 일하고 돌아오는 존의 바지도 흙탕물에 젖고 말았지요.

"벽돌을 쌓아 길을 만들면 사람들이 흙탕물에 젖지 않고 다닐 수 있을 텐데."

존은 생각했습니다. 다른 사람들도 길이 불편해서 누군가 고쳐야겠다고 생각했지만 그동안 나서는 사람이 없었습니다.

존은 퇴근하는 길에 공장에서 벽돌 한 장을 샀습니다. 그리고 길에 한 장씩 깔았습니다.

존이 벽돌을 까는 모습을 본 마을 사람들은 놀랐습니다. 그리고 사람들은 하나둘씩 존을 도와 벽돌을 사서 길을 만들었습니다. 곧 마을에는 벽돌로 만든 길이 생겼습니다. 더 이상 흙탕물에 옷이 젖지 않게 된 것이지요.

마을 사람들을 위해 자신이 먼저 나서서 벽돌을 깔았던 존은 훗날 미국에서 가장 처음으로 백화점을 세웠습니다. 그의 백화점 사업은 나날이 커졌고 존 워

너메이커는 백화점의 왕으로 불리게 되었습니다.

〈인물 이야기〉

존 워너메이커는 길을 만드는 일을 '누군가 하겠지.'라고 생각하지 않았습니다. 내가 먼저, 마음먹었을 때 바로 실천에 옮겼습니다. 벽돌 한 장 한 장을 모아 길을 만드는 데 시간과 돈이 얼마나 들지 몰랐지만 존은 기꺼이 앞장서서 나섰던 것이지요. 내가 먼저, 바로 지금, 기쁘게, 최선을 다해서 하는 일은 그의 삶을 성공으로 이끌었습니다.

인물 더 알기
앤드류 매튜스(1957~)
호주에서 태어나 미국에서 활동하고 있는 베스트셀러 작가이자 만화 예술가입니다. 그가 직접 글을 쓰고 그림을 그린 책이 큰 인기를 끌면서 연설가로서도 활동 중입니다. 사람들은 지혜와 성공, 행복을 잘 표현한 그의 책을 읽고 '행복을 그리는 철학자'라는 다른 이름을 붙여 주었습니다.

명언 하나 더
가장 성공한 사람은 꾸준히 노력하여 성공한 사람이다.
– 알렉산더 그레이엄 벨(미국의 발명가)

할 수 없을 것 같은 일을 하라.
실패하라. 그리고 다시 도전하라.
넘어져 본 적이 없는 사람은
단지 위험을 감수해 본 적이 없는 사람이다.

오프라 윈프리

식당에서 일하는 아주 가난한 청년이 있었습니다. 청년은 식당 주인에게 사정해서 식당에서 밤에 잠을 잘 수 있게 되었습니다.

"이렇게 계속 살아갈 필요가 있을까? 가진 것 하나 없이 이렇게 식당의 식탁에서 자다니."

청년은 고된 하루를 마치고 식당의 식탁에 누워 잠을 청했습니다. 하지만 곧 잠에서 깨고 말았습니다. 작은 벌레들이 식탁 위를 기어 다니고 있었기 때문이었습니다. 아무리 털어 내도 벌레들은 식탁 위로 끊임없이 기어올랐습니다.

"이런 지독한 녀석들."

청년은 곰곰이 생각하다 식탁의 다리에 물이 담긴 그릇을 놓았습니다. 그러면 식탁 다리에 오를 때 벌레들이 물에 빠져서 더 이상 식탁 위로 벌레들이 올라오지 못할 거라 생각했습니다.

안심하고 잠이 든 청년은 아침에 깨서 깜짝 놀랐습니다. 여전히 식탁 위에 벌레들이 기어 다니고 있었기 때문입니다.

청년은 벌레들이 어디서 오나 살펴보았습니다. 벌레들은 식탁 다리 위로 올라올 수 없게 되자 벽을 타고 천장까지 기어갔습니다. 그러고는 천장 위에서 식탁 위로 뚝 떨어지는 것이었습니다.

"이렇게 작은 벌레들도 끊임없이 도전하는데. 나는 주저앉아만 있었구나."

감동을 받은 청년은 식당 일을 열심히 하면서 새 메뉴 개발도 했습니다. 나중에는 자신의 식당을 여러 개 갖게 되었답니다.

〈세상 속 숨은 이야기〉

아무것도 해 보지 않고 주저앉아 '나는 안 돼.'라고 생각하고 있지는 않나요? 하찮아 보이는 벌레들도 온갖 방법으로 식탁에 오르려고 도전한답니다.

실패해도 자꾸 도전하고 노력해야 합니다. 위험을 각오하고 덤벼야 넘어져도 일어설 수 있습니다. 편안함을 위해 게으르게 지내면 성공할 수 없습니다.

인물 더 알기

오프라 윈프리(1954~)

〈오프라 윈프리 쇼〉를 진행하는 미국의 방송 진행자입니다. 불우한 어린 시절을 보냈지만 모든 것을 극복하고 지금은 세계에서 가장 영향력 있는 유명 인사로 손꼽히고 있습니다. 토크 쇼의 여왕이라 불리며 백만장자가 된 오프라는 흑인 여성과 가난한 사람들을 위해 좋은 일을 많이 하고 있습니다.

명언 하나 더

마음이 게을러지거든 나보다 나은 사람을 생각하라. 저절로 분발*하리라.

– 『채근담』(중국 명나라 홍자성이 쓴 책)

*분발: 기운을 내다.

도전! 명언 만들기

▶ 성공 · 리더십

1. 그대가 자신의 불행을 생각하지 않게 되는 가장 좋은 방법은 일에 몰두하는 것이다.

– 그대가 자신의 불행을 생각하지 않게 되는 가장 좋은 방법은 [   ] 것이다.

2. 성공한 사람이 되려 하기보다는 가치 있는 사람이 되려고 노력하라.

– 성공한 사람이 되려 하기보다는 [   ] 사람이 되려고 노력하라.

3. 뜻이 있는 곳에 길이 있다.

– 뜻이 있는 곳에 [   ] 이(가) 있다.

▶ 도전

1. 천재란 노력을 계속할 수 있는 재능을 가진 사람이다.

– 천재란 [   ] 을(를) 가진 사람이다.

2. 마음이 게을러지거든 나보다 나은 사람을 생각하라. 저절로 분발하리라.

– 마음이 게을러지거든 [   ] 을(를) 생각하라. 저절로 분발하리라.

3. 나는 내 인생에서 끊임없이 실패했다. 그리고 그것이 내가 성공한 이유다.

– 나는 내 인생에서 끊임없이 [   ] . 그리고 그것이 내가 성공한 이유다.

03

독서 에 관한 명언

단 한 권의 책밖에 읽지 않은 인간을 경계하라.

벤저민 디즈레일리

지금은 없어진 로마라는 나라에 이셀이라는 큰 부자가 살고 있었습니다. 이셀은 부자인 것을 자랑하기 위해 유명한 학자들을 집에 많이 초대했습니다.

이셀은 책 읽기를 싫어해서 읽은 책이 별로 없었습니다. 이셀은 학자들이 나누는 이야기를 알아듣지도 대화에 낄 수도 없었습니다.

"안 되겠다. 노예들을 골라 책을 외우게 해야지."

이셀의 명령대로 노예 한 명당 한 권씩 책을 외웠습니다. 그리고 한 명씩 불러서 책 이야기를 시키고는 했습니다.

잔치가 있던 날, 이셀은 『일리아드』를 외우고 있는 노예를 불렀습니다. 『일리아드』는 고대 그리스 시인이 쓴 트로이의 전쟁 이야기입니다.

심부름꾼은 노예를 찾으러 갔다가 돌아와서 말했습니다.

"주인님, 그자는 배탈이 나서 지금 올 수가 없답니다."

사람들은 한바탕 크게 웃었고 이셀은 무척 부끄러웠습니다.

"책이란 내가 직접 읽어야지 내가 한 짓은 아무 소용이 없구나."

이셀은 깊이 반성하고 열심히 책을 읽기 시작했습니다. 세월이 흐르자 이셀은 진정으로 아는 것이 많은 똑똑한 사람이 되었습니다.

〈세상 속 숨은 이야기〉

책을 읽지 않는 사람은 지식과 지혜가 부족합니다. 그래서 눈에 보이는 다른 것으로 자신을 내세우려 합니다.

인물 더 알기
벤저민 디즈레일리(1804~1881)
영국의 정치가이며 작가입니다. 영국의 세력을 키우는 데 힘썼고 백작의 작위를 받았습니다. 영국 총리를 지냈으며 여러 편의 소설을 발표하기도 했습니다.

명언 하나 더
책 없는 방은 영혼 없는 육체와 같다.

─ 키케로(고대 로마의 정치가·철학자)

책을 읽는 데 시간이 없다고 하는 사람은, 시간이 있어도 책을 읽지 못한다.

『회남자』

조선 시대 정치가이며 학자인 신숙주는 책을 아주 많이 읽는 사람이었습니다. 신숙주는 세종대왕을 도와 훈민정음을 만들었습니다.

어린 시절부터 책을 좋아했던 신숙주는 집현전에 들어가게 되어 매우 기뻤습니다. 집현전에는 훈민정음을 연구할 목적으로 갖추어진 책이 많았거든요. 신숙주는 쉬는 시간도 아까워하며 책을 읽었고 밤에도 집현전에서 책을 읽고 싶어서 스스로 나서서 숙직*을 하기도 했습니다.

하루는 세종대왕이 새벽에 산책을 하다가 집현전에 불이 켜져 있는 것을 보았습니다. 세종대왕이 집현전 안으로 들어가 보니 신숙주가 책을 읽다가 엎드려 깜박 잠들어 있었습니다.

세종대왕은 입고 있던 겉옷을 벗어 신숙주에게 덮어 주라고 명했습니다.

왕이 떠난 후, 잠에서 깬 신숙주는 임금님의 옷을 보고 크게 감동받았습니다. 그리고 한글을 만드는 데에 더욱더 힘을 썼지요.

〈인물 이야기〉

책을 읽지 않는 사람들은 흔히 책 읽을 시간이 없다는 핑계를 대곤 합니다. 잠을 잘 시간을 줄이거나, 텔레비전을 볼 시간, 게임할 시간에도 짬을 내어 책을 읽을 수 있습니다. 책을 읽고자 하는 마음만 있다면 시간과 장소는 문제가 되지 않습니다.

*숙직: 건물이나 시설에서 밤을 새우며 지키는 일.

책 더 알기

「회남자」

한나라 고조의 손자인 류안이 지은 책입니다. 류안은 많은 학자와 문인들을 데리고 있으면서 백과사전과 같은 책을 만들게 했습니다. 「회남자」는 현재 21권만이 남아 있습니다.

명언 하나 더
책을 읽음에 있어서 어찌 장소를 가릴 것이냐.

– 이황(조선 시대 학자)

하루라도 책을 읽지 않으면 입안에 가시가 돋는다.

안중근

조선 시대에 어느 선비가 수레에 책을 가득 싣고 동산에 오르는 소년을 만났습니다.

"얘야, 이 많은 책을 무얼 하려고 가지고 가느냐?"

"오늘 읽으려고 가져갑니다."

소년은 수레를 끌고 조용히 책을 읽을 수 있는 곳으로 갔습니다.

선비는 그 말이 믿기지가 않아 소년이 언덕 아래로 내려올 때까지 기다렸습니다. 선비는 소년이 내려오자 책을 다 읽었는지 아무 책이나 펴고 물어보았습니다. 소년은 거침없이 읽은 내용을 다 말했습니다.

"정말 이 책을 다 읽었구나. 크게 될 인물이야."

선비는 놀라며 말했습니다.

그 소년은 바로 정약용이었습니다. 조선 시대의 학자이자 나라를 바르게 세우기 위해 노력했던 정치가였지요. 『목민심서』, 『여유당전서』와 같은 훌륭한 책을 500여 권이나 쓰기도 했습니다.

〈인물 이야기〉

책을 읽는 것은 습관입니다. 책을 즐겁게 읽는 습관을 들이면 하루도 빠짐없이 책을 읽게 되지요. 하루라도 책을 읽지 않으면 입안에 가시가 돋는다는 말은 날마다 책을 읽어 자신의 마음을 다스리라는 뜻입니다.

인물 더 알기

안중근(1879~1910)

조선 말의 독립 운동가이며 교육가입니다. 일본 제국주의에 맞서기 위해 군사 훈련을 하고 학교를 세웠으며 전투에 참가해 일본군과 싸우기도 하였습니다. 고종 황제를 강제로 내쫓고 조선 침략을 주도한 이토 히로부미를 권총으로 쏴 죽이고 일본에 의해 사형당했습니다.

명언 하나 더

내가 사흘 책을 읽지 않으면 눈썹이 어두워진다.

– 왕안석(중국 송나라의 정치가)

사람은 책을 만들고
책은 사람을 만든다.

신용호

철강 회사*의 사장인 카네기는 어린 시절 무척 가난했습니다. 책을 살 돈이 없었지만 카네기는 책 읽는 것을 무척 좋아했습니다.

어느 날 카네기는 앤더슨 대령이 붙인 안내문을 읽게 되었습니다.

〈일하느라 제대로 공부하거나 책을 읽을 수 없는 청소년들은 우리 집에 오세요. 얼마든지 공짜로 책을 빌려 볼 수 있습니다.〉

카네기는 앤더슨 대령을 찾아갔습니다. 앤더슨 대령은 얼마든지 책을 볼 수 있게 해 주었고, 덕분에 카네기는 책을 실컷 읽으며 자랐습니다.

카네기가 나이가 들어 자신의 철강 회사를 팔았을 때 그는 미국에서 손꼽히는 부자가 되었습니다.

"나도 사람들에게 꿈을 키울 수 있게 해 주어야겠다."

카네기는 많은 재산을 도서관과 학교를 짓는 데 기부를 했습니다. 카네기는 11개의 나라에 2,811개의 도서관을 지었습니다.

그는 대부분의 재산을 기부했고 많은 사람들이 그의 도움을 받았습니다.

〈인물 이야기〉

사람이 책을 쓰고 만듭니다. 또한 사람들은 그 책을 통해 지혜를 배우고 지식을 얻고 꿈을 이루게 되지요.

*철강 회사: 쇠를 만드는 회사.

인물 더 알기

신용호(1917~2003)

교보생명과 교보문고를 만든 기업가입니다. 어린 시절 폐병에 걸려 학교에 다니지 못했지만 늘 책을 가까이했던 인물입니다. 교육을 통해 미래의 인재를 만들겠다는 마음으로 사업가로 성공한 후에도 교육 활동에 힘썼습니다.

명언 하나 더

책을 읽는다는 것은 자신의 미래를 만드는 것과 같다.

– 랠프 월도 에머슨(미국의 철학자 · 시인)

> 좋은 책을 읽는다는 것은
> 과거의 가장 훌륭한 사람들과 대화하는 것이다.
>
> 데카르트

독일 소년 슐리만은 고대 그리스 시인인 호메로스가 쓴 『일리아드』를 무척 재미있게 읽고 역사에 대해서 관심을 갖게 되었습니다. 『일리아드』는 그리스와 트로이의 전쟁 이야기인데 그리스 군이 나무로 만든 거대한 말 속에 병사들을 숨겨서 트로이를 멸망시킨다는 내용입니다.

슐리만은 『일리아드』가 호메로스가 자신에게 들려주는 진짜 이야기 같았습니다.

어른이 되어 사업으로 부자가 된 슐리만은 어린 시절의 꿈인 트로이의 유적을 찾아 나섰습니다.

그는 트로이의 유적뿐만 아니라 수많은 유적들을 발굴해 냈습니다.

슐리만은 아주 유명한 고고학자*가 되었고, 그가 남긴 수많은 업적들은 고고학 발전에 큰 도움을 주었습니다.

〈인물 이야기〉

슐리만은 『일리아드』와 여러 가지 역사책을 통해 과거의 위인들과 이야기를 나누었습니다.

좋은 책을 읽는다는 것은 그 책을 쓴 사람과 책에 담긴 훌륭한 사람들과 이야기를 나누며 그들의 지혜와 지식을 얻는 것입니다.

*고고학자: 유적과 유물을 통해 옛사람들의 생활을 연구하는 학자.

책은 한 권, 한 권이 하나의 세계이다.

윌리엄 워즈워스

한 농부가 소에 쟁기를 매어 밭을 갈고 있었습니다. 그러다 무거운 책을 지고 밭둑에서 쉬고 있는 선비를 보았습니다. 선비는 집안 형편이 너무 어려워 책을 팔려고 가지고 나왔습니다.

농부는 선비의 책을 보며 생각했습니다.

'이제 곧 자식이 태어날 텐데 우리 집에는 책이 없구나. 아이에게는 꼭 책을 읽혀야 할 텐데.'

농부는 밭을 갈던 소를 내어 주고 선비에게서 책을 샀습니다.

책을 가지고 집에 온 농부는 아내가 화를 낼까 봐 걱정을 했습니다. 하지만 소와 책을 바꾸었다는 농부의 말에 아내는 오히려 칭찬을 했습니다.

"잘하셨어요. 사람은 책을 읽어야 합니다. 그래야 세상을 얻을 수 있지요."

농부 부부는 태어난 아들에게 소와 바꾼 책을 읽혔습니다. 농부의 아들 이항로는 3살 때 천자문을 떼고 스무 살도 되기 전에 과거에 합격했습니다.

이항로는 훌륭한 학자이자 정치가로 많은 업적을 남겼습니다.

〈인물 이야기〉

이항로의 부모는 책이 얼마나 소중하고 가치 있는 것인지 알고 있었습니다. 그래서 자식에게 책을 읽히기 위해 농사짓는 데 꼭 필요한 소와 바꾸었습니다.

책은 그 자체가 하나의 세계입니다. 모든 세상의 이치와 지혜, 역사를 담고 있지요. 책을 읽는 것은 세상을 하나하나 배우고 가진다는 뜻입니다.

인물 더 알기

윌리엄 워즈워스(1770~1850)

영국의 시인입니다. 순수한 자연의 아름다움과 사랑을 노래하는 시를 많이 썼습니다. 영국 뿐만 아니라 유럽의 문학에 큰 영향을 끼친 시인으로 평가받고 있습니다.

명언 하나 더

우리들 인간이 세상에서 이루어 놓은 것이나 만들어 놓은 것 중에서 무엇보다도 가장 중요하고 경이로우며 가치 있는 것이 바로 책이다.

– 토머스 칼라일(영국의 역사가 · 사상가)

미국의 스토 부인은 늘 흑인 노예 문제에 대해 심각하게 생각하고 있었습니다. 사람을 소, 돼지처럼 함부로 사고팔며, 마구 때리고 일만 시키는 '흑인 노예 제도'가 폐지되어야 한다고 생각했지요.

어느 날, 스토 부인은 흑인 톰이 죽어 가는 모습이 눈앞에 떠올라서 당장 글을 쓰기 시작합니다. 원고지가 없어서 처음에는 식료품을 싼 포장지에 글을 썼지요. 이렇게 쓰인 책이 『톰 아저씨의 오두막』입니다.

이 책은 많은 사람들에게 읽혔고, 그중에서도 링컨에게 큰 영향을 끼쳤습니다. 청년 시절 『톰 아저씨의 오두막』을 읽은 링컨은 크게 감동받아 흑인 노예 제도를 꼭 없애야겠다고 생각했습니다.

미국에서 남북전쟁이 일어나고 흑인 노예 제도 폐지를 주장했던 북군이 이기게 되었습니다. 흑인 노예 제도는 폐지되고 흑인들은 자유를 찾게 되지요.

북군을 승리로 이끈 링컨 대통령은 스토 부인을 백악관으로 초대했습니다. 링컨은 스토 부인이 키가 150cm도 안 되는 작은 체구의 평범한 여성인 것을 보고 놀라며 말했습니다.

"당신이 미국의 위대하고 큰 전쟁을 일으킨 작은 부인이시군요."

링컨은 스토 부인의 작은 손을 잡고 노예 해방의 꿈을 같이 이룬 기쁨을 나누었습니다.

〈인물 이야기〉

『톰 아저씨의 오두막』은 링컨뿐만 아니라 많은 사람들에게 무엇이 잘못되었는지 느끼게 하고 그것을 바로잡도록 만들었습니다. 스토 부인과 링컨의 이야기는 한 권의 책이 얼마나 큰 힘을 갖는가 하는 것을 잘 보여 줍니다.

우리가 읽어야 할 위대한 책은 우리에게 많은 것을 생각하게 하고 깨닫게 하는 책입니다.

인물 더 알기
마크 트웨인(1835~1910)
미국의 소설가입니다. 본명은 사무엘 랭그혼 클레멘스이며, 유머 있고 재치 있는 말과 소설을 많이 남겼습니다. 미시시피 강을 배경으로 한 자신의 어린 시절 이야기를 담은 소설 『톰 소여의 모험』, 『허클베리 핀의 모험』은 많은 사람들에게 널리 읽히고 있습니다.

명언 하나 더
책은 꿈꾸는 것을 가르쳐 주는 진짜 선생이다.

― 가스통 바슐라르(프랑스 철학자)

04

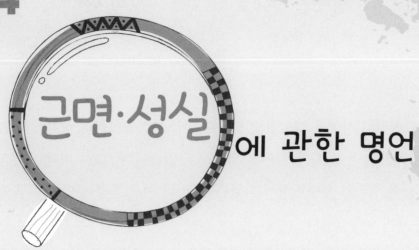

근면·성실에 관한 명언

> ## 아무리 큰 성공을 거두어도 성실한 사람이 아니라면 당신은 절대로 위대한 사람이 아니다.
>
> 벤저민 프랭클린

코카콜라 회사에서 있었던 일입니다. 어느 날 코카콜라 상자를 나르다 50개의 콜라병이 든 상자가 떨어져 터지고 말았습니다. 회사 바닥은 유리 조각과 흘러나온 콜라로 엉망진창이 되었습니다. 너무나 그 양이 많아 누구도 치울 엄두를 내지 못했습니다.

그때 아르바이트를 하던 흑인 고등학생이 혼자 유리를 치우고 바닥을 닦았습니다. 흑인 소년은 성실하게 바닥을 말끔히 치웠습니다.

묵묵히 청소하던 소년은 가난한 자메이카 출신 집안의 아이였습니다. 학교 성적도 나빠서 항상 하위권이었습니다. 하지만 소년은 정직하고 성실한 아이였고 힘든 일이 있어도 물러서지 않았습니다.

그 아이는 자라서 장군이 되고 미국의 국무장관까지 올랐습니다. 국무장관은 외교부 장관과 비슷하며 미국에서는 장관 중에서 가장 우두머리가 되는 장관입니다. 그의 이름은 콜린 파월이며 미국인들의 많은 존경과 사랑을 받는 인물이 되었습니다.

〈인물 이야기〉

콜린 파월은 차별받는 흑인이었고 가난했고 공부도 못했습니다. 그는 불행한 자신의 처지를 탓하지 않고 좋지 않은 조건을 이겨 내기 위해 남들보다 몇 배나 더 성실하게 노력했습니다. 그가 미국인에게 존경받는 이유는 단지 성공해서가 아니라 그의 노력과 성실함 때문입니다.

인물 더 알기

벤저민 프랭클린(1706~1790)

미국의 정치가이자 발명가, 출판가입니다. 미국의 백 달러 지폐 속의 인물이기도 합니다. 피뢰침과 하모니카를 만들어 냈습니다. 미국이 나라를 세우는 데 큰 역할을 해서 미국 건국의 아버지라 불리기도 합니다.

명언 하나 더

정직과 성실을 그대의 친구로 삼아라. 아무리 친한 친구라도
그대 자신으로부터 나온 정직과 성실만큼 그대를 돕지 못하리라.

– 벤저민 프랭클린(미국의 정치가 · 발명가)

게으름은 모든 불행의 뿌리다.

월리엄 해즐릿

하루는 게으른 당나귀가 시장에 소금을 지고 가게 되었습니다.

'어휴, 무거워. 힘들어 죽겠네.'

냇가 근처에 갔을 때였습니다. 당나귀는 그만 미끄러져 냇가에 짐을 쏟아 버리고 말았습니다. 그래서 소금이 물에 녹아 버렸습니다.

짐이 가벼워지자, 당나귀는 신이 났습니다.

며칠 후, 이번에는 솜 자루를 지고 장에 가게 되었습니다. 솜 자루는 별로 무겁지 않았지만 게으른 당나귀는 꾀가 났습니다.

'며칠 전처럼 냇가에 짐을 떨어뜨리면 이것보다 더 가벼워지겠지?"

당나귀는 냇가 근처를 지나갈 때 넘어지는 척하며 솜 자루를 물에 첨벙 빠뜨렸습니다. 그런데 가벼워졌을 줄 알았던 솜 자루의 솜이 물을 잔뜩 먹어 아주 무거워졌습니다.

'아이고 죽겠네. 그냥 가벼운 솜 자루를 지고 오는 건데.'

당나귀 주인은 당나귀가 빨리 움직이지 못하자 채찍질을 했습니다. 당나귀는 젖어서 무거운 솜 자루를 지고 채찍까지 맞으며 집으로 돌아왔습니다.

『이솝우화』

당나귀는 편해 보려고 꾀를 썼지만 자기 꾀에 자신이 속아 넘어가고 말았지요.

게으름을 피우면 당장은 편할지 모르지만 그것 때문에 더한 불편과 불행을 맞이할 수도 있습니다.

인물 더 알기

윌리엄 해즐릿(1778~1830)

영국의 비평가이자 수필가입니다. 고집이 세고 솔직하게 표현하는 것을 좋아해서 외로운 시절을 보내기도 했습니다. 풍부한 문학적 감수성과 날카로운 비판력으로 훌륭한 비평가 라는 평가를 받고 있습니다.

명언 하나 더

게으름은 의지가 약한 자의 피난처일 뿐이다.

– 체스터필드(영국의 정치가)

끊임없이 떨어지는 물방울은 돌에 구멍을 낸다.

루크레티우스

강철 회사 사장인 카네기는 회사를 크게 키웠습니다. 카네기는 이 튼튼하고 거대한 회사를 누구에게 물려줄까 고민했습니다.

"내 회사를 '쉬브'에게 물려주겠소. 이젠 쉬브가 회사의 사장이오."

카네기의 발표가 있자 사람들은 모두 깜짝 놀랐습니다. 쉬브는 초등학교만 겨우 졸업한 데다가 원래 청소부였거든요.

청소부인 쉬브는 정원뿐만 아니라 공장의 구석구석까지 깨끗이 청소했습니다. 그리고 윗사람에게 그 성실함을 인정받아 공장에서 일하는 직공으로 뽑혔습니다. 공장에서도 누가 보지 않아도 성실하게 일하는 모습을 본 카네기는 그를 비서로 임명했습니다.

쉬브는 카네기 사장의 비서가 된 후, 카네기가 퇴근할 때까지 그를 지켰고 회사를 돌보았습니다.

'저렇게 성실한 사람이라면 내가 키운 이 회사를 믿고 맡겨도 좋을 거야.'

그래서 카네기는 쉬브에게 회사를 물려주었답니다.

〈인물 이야기〉

쉬브는 성실함 덕분에 청소부에서 세계 최고 강철 회사의 사장이 되었습니다. 쉬브는 자신이 하는 일이 청소부이건 비서이건 간에 맡은 일에 최선을 다 했지요. 아무리 작은 일이라도 꾸준히 한다면 큰 성과를 낼 수 있답니다.

인물 더 알기

루크레티우스(BC 94(?)~BC 55(?))

고대 로마의 시인이며 철학자입니다. 그리스의 철학과 문학, 과학에 많은 지식을 가지고 있었으며 후세의 학자들에게 많은 영향을 끼쳤습니다. 지은 책으로는 『사물의 본성에 대하여』라는 철학적인 교훈 시가 있습니다.

명언 하나 더

뜨거운 열정이 있는 곳에 쇠와 돌도 또한 뚫어진다.

– 주자(중국 송나라 때의 학자)

미래는 현재 우리가
무엇을 하는가에 달려 있다.

마하트마 간디

한 부지런한 농부가 죽음을 앞두고 있었습니다.

농부는 게으른 세 아들을 불렀습니다.

"너희들에게 줄 보물을 포도밭에 숨겨 놓았단다. 포도밭을 잘 파 보고 보물을 발견하면 너희들이 골고루 나누어 갖거라."

아들들은 아버지의 장례식이 끝난 후, 포도밭으로 갔습니다.

"아버지가 숨겨 놓은 보물을 찾아내면 평생 편히 먹고 살 수 있을 거야."

아들들은 잔뜩 기대를 하고 포도밭을 파헤쳤습니다. 곡괭이를 가지고 포도밭을 샅샅이 파헤쳤지만 포도밭에서는 아무것도 나오지 않았습니다. 땀을 뻘뻘 흘리며 고생한 세 아들은 잔뜩 실망했습니다.

몇 달이 지난 후, 아들들은 깜짝 놀랐습니다. 포도밭에 포도가 주렁주렁 열렸기 때문입니다. 보물을 찾기 위해 밭을 열심히 일군 덕분이었지요.

아들들은 그제야 아버지가 남겨 준 보물이 무엇인지 알게 되었습니다.

『이솝우화』

아버지가 아들들에게 남긴 보물은 금화나 번쩍번쩍 빛나는 보석이 아닌 바로 근면과 성실이었습니다.

돈이나 보석은 써 버리면 금세 없어지지만 부지런하고 성실한 마음가짐과 습관은 평생 그 사람을 행복하게 만들어 줍니다. 진정으로 값진 보물이지요.

인물 더 알기

마하트마 간디(1869~1948)

인도의 민족 운동의 지도자이며 인도 건국의 아버지로 불리는 정치가입니다. 영국에서 공부하고 변호사가 되었지만 영국의 식민지로 있는 인도의 독립운동에 앞장섰습니다.

명언 하나 더

일찍 일어나는 새가 벌레를 잡는다.

– 윌리엄 캠던(영국의 작가)

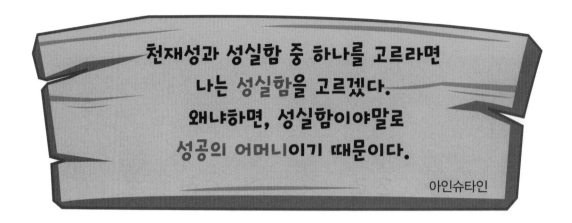

천재성과 성실함 중 하나를 고르라면
나는 성실함을 고르겠다.
왜냐하면, 성실함이야말로
성공의 어머니이기 때문이다.

아인슈타인

호주의 쇼트트랙 선수 스티븐 브래드버리는 1994년 동계 올림픽에서 동메달을 딴 후 계속 올림픽에 출전했습니다.

1998년 올림픽에서는 예선 탈락을 했고 훈련 도중 목뼈가 부러지는 사고도 있었습니다. 거기다 옆 선수의 스케이트 날에 허벅지를 다쳐 111바늘이나 꿰매기도 했습니다. 하지만 그는 포기하지도 연습을 게을리하지도 않았습니다.

2002년 동계 올림픽에 나갈 때도 브래드버리는 한국의 김동성, 미국의 안톤 오노, 중국의 리자준 같은 세계 최고의 선수들이 있었기에 별로 메달을 기대하지 않았습니다. 브래드버리는 자신의 마지막 올림픽이라고 생각하고 마지막 순간까지 최선을 다하기로 했습니다.

준준결승에서 브래드버리는 3위를 해서 준결승에 진출하지 못하게 되었습니다. 그런데 2위를 했던 캐나다 선수가 다른 선수를 밀었던 것이 밝혀지고 브래드버리는 운 좋게 준결승에 올라갔습니다. 준결승에서는 앞의 선수들이 엉켜 넘어져서 브래드버리가 얼떨결에 결승에 진출하게 되었지요.

결승전에서는 앞서 달리던 선수들 네 명이 다닥다닥 붙은 채 치열하게 경쟁하고 있었습니다. 브래드버리는 한참 뒤였지만 끝까지 열심히 따라오고 있었습니다. 그러다 앞의 네 명이 서로 엉켜 모두 넘어지고 말았습니다.

결국 맨 뒤에 오던 브래드버리가 가장 먼저 결승선을 통과하게 되었습니다.

브래드버리는 금메달을 목에 걸고 말했습니다.

"이 금메달은 경기에 이겨서 딴 것이 아니고 지난 십 년간 최선을 다한 저에게 주어진 상이라고 생각합니다."

〈인물 이야기〉

    스티븐 브래드버리는 자신보다 실력이 뛰어난 선수들이 많아서 메달을 목에 걸지 못할 것이라 생각했습니다. 하지만 포기하거나 연습을 게을리하지 않았습니다. 사람들은 그를 행운의 사나이라고 부릅니다. 하지만 행운은 그가 성실하고 근면한 사람이기 때문에 찾아온 것입니다.

인물 더 알기
아인슈타인(1879~1955)
독일 출신의 유대인 과학자입니다. 유대인을 괴롭히는 나치 세력을 피해 미국에서 활동했습니다. 상대성 이론을 발표해서 인류 역사상 가장 위대한 과학자 중 한 명으로 손꼽히고 있습니다. 1921년에 노벨 물리학상을 수상하였습니다.

명언 하나 더
근면은 행운의 어머니다.
– 벤저민 프랭클린(미국의 정치가 · 발명가)

> **인간은 항상 시간이 모자란다고 불평하면서 마치 시간이 무한정 있는 것처럼 행동한다.**
>
> 세네카

아소카 왕은 지혜롭게 나라를 다스리는 인도의 왕이었습니다. 형과는 달리 아소카 왕의 동생은 놀고먹으며 못된 짓만 하는 사람이었습니다. 그러다 아소카 왕의 동생이 나라의 법을 어기게 되었습니다. 아소카 왕은 동생을 불러 말했습니다.

"너를 일주일 뒤에 사형에 처하겠다. 그 대신 일주일 동안 왕처럼 즐길 수 있도록 해 주겠다."

왕의 동생은 궁궐에서 좋은 옷을 입고 맛있는 음식을 먹었습니다.

하루가 지나자, 험악하게 생긴 장사가 큰 칼을 빼 들고 왕의 동생에게 말했습니다.

"죽을 날이 엿새 남았습니다! 죽을 날이 엿새 남았습니다."

하루가 더 지나자 장사는 또 외쳤습니다.

"죽을 날이 닷새 남았습니다!"

왕의 동생은 하루하루가 지날 때마다 무서운 장사의 고함 소리에 너무나 두려워 벌벌 떨었습니다.

마침내 일주일이 지난 후, 왕은 동생을 불렀습니다.

"그래 일주일 동안 즐겁게 잘 지냈느냐?"

"저 장사가 옆에서 죽을 날짜를 계속 세고 있어서 즐기기는커녕 고통스럽기만 했습니다. 불안해서 먹지도, 하고 싶은 것도 못했습니다."

동생의 말을 들은 아소카 왕이 말했습니다.

쩍!

"누구나 저승사자가 저 장사처럼 옆
에 서서 죽을 날짜를 헤아리고 있단다. 다만
사람들 눈에는 보이지 않을 뿐이지."

왕의 동생은 크게 깨달음을 얻고 새 삶을 바르고 성실하게 살았습니다.

〈세상 속 숨은 이야기〉

누구나 자신의 곁에 죽을 날짜를 세고 있는 저승사자가 있다면 어떨까요? 하루하루를 아까워하며 헛되이 시간을 보내지 않고 바르고 성실하게 살아갈 것입니다.

시간은 끝없이 주어지는 것 같지만 가장 쉽게 잃어버릴 수도 있는 것입니다. 자신에게 주어진 시간을 성실하게 쓰는 것이 인생을 충실히 살아가는 길입니다.

인물 더 알기

세네카(BC 4(?)~AD 65)

고대 로마의 철학자이며 극작가, 정치가입니다. 에스파냐 출신으로 로마에서 철학을 공부하고 웅변가로서 이름을 날렸으며 로마 네로 황제의 스승이 되기도 했습니다. 인간은 육체에 갇혀 있지만 이성*에 의해 인간답게 살아간다며 육체보다 영혼이 더 고귀한 위치에 있음을 주장했습니다.

명언 하나 더

아무 하는 일 없이 시간을 허비하지 않겠다고 맹세하라.
우리가 항상 뭔가를 한다면 놀라우리만치 많은 일을 해낼 수 있다.

– 토머스 제퍼슨(미국의 정치가 · 철학자, 미국 제3대 대통령)

*이성: 옳고 그름을 생각하는 능력.

도전! 명언 만들기

▶ 독서

1. 책 없는 방은 영혼 없는 육체와 같다.

– 책 없는 방은 [   ] 와(과) 같다.

2. 당신에게 가장 필요한 책은 당신으로 하여금 가장 많이 생각하게 하는 책이다.

– 당신에게 가장 필요한 책은 [   ] 책이다.

3. 책은 꿈꾸는 것을 가르쳐 주는 진짜 선생이다.

– 책은 [   ] 을(를) 가르쳐 주는 진짜 선생이다.

▶ 근면 · 성실

1. 아무리 큰 성공을 거두어도 성실한 사람이 아니라면 당신은 절대로

   위대한 사람이 아니다.

– 아무리 큰 성공을 거두어도 [   ] 사람이 아니라면 당신은 절대로

   위대한 사람이 아니다.

2. 게으름은 모든 불행의 뿌리다.

– [   ] 은(는) 모든 불행의 뿌리다.

05

 나눔·친절에 관한 명언

> ## 친절한 행동은 아무리 작은 것이라도
> ## 결코 헛되지 않다.
>
> 이솝

미국 필라델피아에 있는 작은 호텔 지배인인 볼트는 밤새 호텔을 지키고 있었습니다. 한밤중에 비에 흠뻑 젖은 노부부가 방을 얻기 위해 찾아왔습니다.

"죄송합니다만 오늘은 방이 다 찼습니다."

볼트는 지친 노부부에게 몸을 닦을 수건과 자신의 방을 내어 주고 자기는 의자에서 눈을 붙였습니다.

노부부는 다음 날 호텔을 나서며 말했습니다.

"당신처럼 친절한 사람을 위해서 큰 호텔을 지어야겠군요."

2년 후 볼트는 노부부에게서 뉴욕으로 가는 비행기 표를 받았습니다. 뉴욕에서 만난 노부부는 볼트를 뉴욕에서 가장 크고 화려한 호텔로 데려갔습니다.

"당신을 위해 지은 호텔이오. 당신이 이 호텔의 총지배인입니다."

이렇게 해서 지방의 작은 호텔 지배인이었던 친절한 볼트는 월도프 아스토리아의 초대 총지배인이 되었습니다.

월도프 아스토리아는 뉴욕에서 가장 아름다운 건축물로 인정받고 있으며, 세계 각국 대통령과 총리들이 묵는 뉴욕 최고의 호텔로 알려져 있습니다.

〈세상 속 숨은 이야기〉

볼트의 친절은 작은 것이었지만 노부부에게는 커다란 편안함을 주었습니다.

볼트가 베푼 작은 친절은 다시 그에게 커다란 친절로 되돌아왔습니다.

내가 베푼 작은 친절이 남을 기분 좋게 만들고 나에게도 돌아오게 됩니다.

인물 더 알기

이솝(BC 620~BC 560)

고대 그리스의 작가로 『이솝우화』의 지은이입니다. 그리스 이름은 아이소포스이며 노예의 신분이었습니다. 그가 쓴 『이솝우화』는 성서 다음으로 세상에서 가장 많이 읽히는 책으로 알려져 있습니다.

명언 하나 더

남을 행복하게 하는 것은 향수를 뿌리는 것과 같다. 뿌릴 때에 자신에게도 몇 방울 묻기 때문이다.

– 『탈무드』(유대인 학자들이 쓴 책)

사람의 가치를 직접 드러내는 것은
재산도 지위도 아니고 그의 인격이다.

아미엘

달도 뜨지 않은 어두운 밤, 한 나그네가 그만 길을 잃고 말았습니다. 주위에는 온통 컴컴한 어둠뿐이어서 길을 물어볼 사람도 없었습니다.

한참 있다가 누군가 등불을 들고 걸어오는 것이 보였습니다.

"나그네인데 길을 잃었습니다. 여관으로 가는 길을 좀 알려 주십시오."

나그네의 말에 등불을 든 노인은 친절하게 가는 길을 알려 주었습니다.

나그네가 고맙다는 인사를 하고 노인의 얼굴을 자세히 보니, 노인은 앞을 못 보는 장님이었습니다.

"어르신은 앞을 못 보는데 왜 등불을 들고 다니십니까?"

나그네의 물음에 장님은 껄껄 웃으며 말했습니다.

"나는 어차피 어둠 속에서 살기 때문에 등불이 필요 없지요. 하지만 사람들은 등불이 없으면 어두운 곳에서 나와 부딪힐 것이 아니오. 내가 먼저 피할 수 없으니 내가 있다는 것을 보여 주기 위해서 등불을 들고 다니는 거라오."

나그네는 장님의 말에 고개를 끄덕였습니다.

『탈무드』

등불을 든 노인은 초라한 차림의 장님이지만 누구보다도 현명하고 친절한 사람입니다. 노인은 자신보다 남을 배려하는 마음으로 등불을 들고 다녔지요.

우리는 겉모습이나 그 사람의 가진 것만 보고 그 사람의 됨됨이를 판단하기 쉽습니다. 그 사람의 가치는 외모나 재산이 아닌 훌륭한 인격에서 드러나는 것입니다.

인물 더 알기

아미엘(1821~1881)

헨리 프레데리크 아미엘은 스위스의 철학자이자 문학가입니다. 아미엘은 제네바 대학교에서 철학 교수로 지냈습니다. 그가 죽은 후에 17,000페이지에 달하는 일기가 출판되어 아주 유명해졌습니다.

명언 하나 더

친절은 미모보다 더 가치가 있다.

– J. 다라스(프랑스의 소설가)

똑똑하기보다 친절한 것이 낫다.

『탈무드』

어느 한 랍비*가 저녁 식사에 자신의 제자를 초대했습니다.

제자가 식탁에 앉자 랍비가 기도문을 외우게 했습니다. 제자는 더듬더듬 기도문을 외우더니 반도 외우지 못하고 고개를 숙였습니다.

"아니 나한테 일 년이나 공부를 배웠는데 식사 기도조차 못 외운단 말인가."

스승이 화를 내자 제자는 부끄러운 마음에 슬그머니 일어났습니다. 제자는 맛있는 음식을 보고 침만 꿀꺽 삼키더니 죄송하다고 인사를 하고 나갔습니다. 랍비는 화가 나서 인사에도 대답을 하지 않았습니다.

며칠 후, 랍비는 제자의 친한 친구를 만났습니다.

"선생님, 그 친구가 공부는 잘 못했지만 자신이 가진 것을 가난한 사람들에게 나누어 주고 누구에게나 친절을 베푸는 훌륭한 사람이랍니다."

그 말을 들은 랍비는 부끄러워서 고개를 들 수가 없었습니다.

'기도문을 외울 줄 모르면 어때? 베풀고 나누는 모습을 행동으로 다 보여 준 청년이었는데.'

랍비는 청년을 야단친 것을 오랫동안 후회했습니다.

『탈무드』

랍비는 제자인 청년의 진정한 모습을 보지 못하고 공부했던 내용만 중요하게 생각했지요. 하지만 진정으로 중요한 것은 기도문을 외우고 배운 내용을 기억하는 것보다 가난한 사람들에게 친절과 선행을 베푼 것입니다.

*랍비: 유대인들에게 정신적 지도자이며 스승이 되는 사람.

책 더 알기

『탈무드』

유대인 학자들이 쓴 책으로 조상 대대로 내려오는 지혜와 정신적인 문화를 이야기로 꾸몄습니다. 유대인의 모든 사상이 담겨 있어 유대인들이 소중하게 생각하는 책입니다.

명언 하나 더
사람의 진정한 재산은 세상을 위해서 행한 선행이다.

– 마호메트(이슬람교를 세운 인물)

다윗 왕은 거미를 무척 싫어했습니다. 거미는 지저분하고 하찮은 벌레라고만 생각했지요.

어느 날, 다윗 왕은 전쟁 중 적군에게 쫓겨 어두운 동굴로 몸을 피했습니다.

다윗 왕은 동굴에 숨어서도 안심하지 못하고 벌벌 떨었습니다. 그때 거미 한 마리가 동굴의 입구에 거미줄을 치기 시작했습니다. 작은 몸집의 거미는 부지런히 왔다 갔다 하며 멋진 그물 모양의 거미줄을 쳤습니다.

거미가 거미줄을 치자마자 적군이 동굴로 쫓아왔습니다.

"여기 동굴이 있습니다. 혹시 이곳에 숨은 것이 아닐까요?"

"아니다. 저 안으로 숨으려면 거미줄을 걷고 들어가야 한다. 거미줄이 있는 걸 보니 오랫동안 여기에는 아무도 들어가지 않은 것 같다."

적군들은 거미줄만 보고 다른 곳으로 가 버렸습니다.

"저렇게 작은 거미가 왕인 내 목숨을 살렸구나."

다윗 왕은 거미와 거미줄을 하찮게 생각한 자신을 깊이 반성했습니다.

『탈무드』

이 세상에 쓸모없고 하찮은 생명이란 없습니다. 왕조차도 작은 거미 덕분에 목숨을 구했으니까요. 아무리 강하고 높은 지위에 있는 사람도 자기보다 못하다고 생각하는 사람 혹은 동물로부터 얼마든지 도움을 받을 수 있습니다. 그러니 누구라도 나보다 작고 힘없다고 무시하거나 함부로 대해서는 안 됩니다.

인물 더 알기

에드먼드 스펜서(1552(?)~1599)

영국의 시인입니다. 후대 시인들에게 큰 영향을 끼쳐 시인 중의 시인으로 존경받는 인물입니다. '페어리 퀸(요정 여왕)'이라는 장편 시를 썼습니다.

명언 하나 더

가장 작은 선행의 실천은 불가능에 대한 거창한 약속보다 낫다.

– 매콜리(영국의 역사가 · 정치가)

어떤 사람이 말과 당나귀에 짐을 잔뜩 싣고 길을 떠났습니다.

힘이 센 말은 짐을 싣고 오래 걸어도 견딜 만했습니다. 하지만 덩치 작은 당나귀는 몹시 힘이 들었습니다.

"말아, 내 짐을 좀 덜어서 들어 주지 않겠니? 내가 가뜩이나 몸도 아픈데 짐까지 지고 오랜 시간 걸으니 너무나 힘이 들어."

당나귀의 사정에 말은 꾀병 부리지 말라며 콧방귀만 뀌었습니다.

당나귀는 비틀거렸지만, 말은 모른 척하며 계속 걸었습니다. 그러다 얼마 가지 못해서 당나귀는 너무나 지치고 힘들어 그만 죽고 말았습니다.

주인은 당나귀의 짐을 말에게 전부 옮겨 실었습니다. 그리고 죽은 당나귀의 가죽까지 말에게 실었지요.

"아이고 힘들어 죽겠네. 아까 당나귀가 도와 달라고 할 때 짐을 나눠서 져 줬으면 내가 이 고생을 하지 않아도 되었을 텐데."

말은 비틀비틀 힘들게 걸으며 후회했지만 소용없었습니다.

『이솝우화』

사람은 혼자서는 살 수 없습니다. 서로 돕고 도움을 받으며 더불어 살아가야 하지요. 내가 아무리 많이 가지고 있다 하더라도 언젠가는 도움받을 일이 생깁니다. 베푼 것이 없다면 내가 도움이 필요할 때 얻을 것도 없겠지요.

인물 더 알기
순자(BC 298(?)∼BC 238(?))

중국의 사상가로 유학 발달에 큰 영향을 끼친 인물입니다. 사람은 태어나면서 자신을 위한 욕망을 가지고 태어나니, 자라면서 교육과 예의를 가르침으로써 바른 사람을 만들어야 한다고 주장했습니다.

명언 하나 더
내가 남에게 선행을 하였다면 남이 나에게 악행을 하지 않을 것이다.

– 장자(중국의 사상가)

하루는 간디가 기차를 타기 위해 기차역에 왔습니다.

사람들은 기차를 타기 위해 서로 밀고 밀리며 달려들었습니다.

간디도 사람들에게 이리저리 밀리다 기차가 막 출발할 때야 겨우 기차에 올라탈 수 있었습니다. 그러다 그만 신발 한 짝이 벗겨져 기차 밖으로 떨어지고 말았지요. 기차는 이미 출발해서 신발을 주울 수도 없었습니다.

사람들은 신발 한 짝을 잃어버린 간디를 보며 안타까워했습니다.

밖으로 떨어진 신발을 본 간디는 얼른 나머지 신발 한 짝을 벗어 기차 밖으로 던졌습니다.

"아니, 선생님. 왜 신발을 기차 밖으로 던져 버리십니까?"

간디는 놀라며 묻는 사람들에게 웃으며 대답했습니다.

"나에게는 신발 한 짝이 아무 소용없지요. 하지만 기차 밖에서 신발을 줍는 사람에게는 한 켤레가 되니 좋은 일이지 않습니까."

맨발이 된 간디를 보고 사람들은 고개를 끄덕였습니다.

〈인물 이야기〉

간디는 신발을 잃어버린 자신보다 신발을 줍게 될 사람을 먼저 생각했습니다. 남을 배려하는 마음이 저절로 우러나와 다른 건 생각할 틈도 없었지요.

사람은 자신만을 위해서가 아니라 남을 돕고 사랑하며 살아야 합니다.

오드리 헵번(1929~1993)

미국의 영화배우입니다. 〈로마의 휴일〉, 〈티파니에서 아침을〉 등 수많은 영화를 남겼습니다. 나이가 든 후에는 유니세프 홍보대사를 하며 가난한 이들과 병든 이들을 위해 봉사하며 지냈습니다. 얼굴과 마음이 아름다운 사람으로 많은 사람들에게 기억되고 있습니다.

명언 하나 더

인간의 미래는 인간의 마음에 있다.

– 슈바이처(독일의 의사)

나는 사람들을 사랑하는 것보다
더 중요한 예술은 없다고 생각한다.

빈센트 반 고흐

한창 전쟁 중인 더운 여름날이었습니다. 병사들은 많이 걷고 지쳐 쓰러지듯이 쉬고 있었습니다.

"아, 목이 마르다. 물 좀 마셨으면."

부상당한 한 병사가 애타게 말했습니다. 그 말을 들은 장교가 물이 아주 조금 남아 있는 물통을 건넸습니다.

"이거라도 마시게."

물통을 받은 병사는 물을 마시려다 자신에게 쏟아지는 시선을 느꼈습니다. 쉬고 있는 병사들 모두 목이 많이 말랐기 때문에 부러운 마음으로 물통을 받은 병사를 쳐다보고 있었지요.

부상당한 병사는 물통의 물을 꿀꺽꿀꺽 소리 나게 마신 뒤, 옆의 병사에게 넘겼습니다. 그렇게 전 대원들이 꿀꺽꿀꺽 물을 마시고 옆 사람에게 건넸습니다. 장교가 자신에게 돌아온 물통을 보니 처음 부상당한 병사에게 건넸던 그대로 물이 들어 있었습니다.

물을 마신 사람은 없었지만 병사들은 갈증이 사라지고 힘이 났습니다.

〈세상 속 숨은 이야기〉

모두가 물을 마시고 싶었던 것을 알기에 병사들은 물을 마시는 시늉만 하고 그대로 남겨 놓았던 것입니다. 서로를 아끼고 사랑하는 마음은 이 세상 어떤 것보다 가치 있는 일입니다.

인물 더 알기

빈센트 반 고흐(1853~1890)

네덜란드의 화가로 주로 프랑스에서 활동했습니다. 비극적인 삶을 살았지만 짧은 생애 동안 미술사에 큰 영향을 끼친 작품들을 남겨 세계에서 가장 유명한 화가 중 한 명으로 알려져 있습니다. 〈자화상〉, 〈감자 먹는 사람들〉, 〈별이 빛나는 밤〉, 〈해바라기〉와 같은 훌륭한 작품들을 남겼습니다.

명언 하나 더

많이 가진 사람이 모두 부자는 아니다.
나눠 줄 수 있는 사람이 진정 부자다.

— 에리히 프롬(사회심리학자)

> 그대가 값진 삶을 살고 싶다면
> 날마다 아침에 눈을 뜨는 순간 이렇게 생각하라.
> '오늘은 단 한 사람을 위해서라도 좋으니,
> 누군가 기뻐할 만한 일을 하고 싶다.'
>
> 프리드리히 니체

　제2차 세계대전이 막 끝난 1948년이었습니다. 미국의 공군 조종사 게일 대위는 독일의 서베를린에 물품을 나르는 임무를 맡았습니다. 그는 베를린의 아이들이 굶주리고 있다는 사실을 알고 아이들을 돕기로 했습니다.

　"얘들아, 내가 손수건 낙하산을 보낼게. 거기에 맛있는 것이 들어 있을 거야."

　그는 미리 아이들에게 약속을 했습니다.

　게일 대위는 작은 상자에 과자와 비스킷, 사탕을 넣고 손수건으로 낙하산을 만들어 비행 때마다 아이들이 있을 만한 곳에 떨어뜨렸습니다.

　"와, 저기 대위님이 보내신 과자다!"

　덕분에 아이들은 게일의 비행기가 떠오를 때마다 손수건 낙하산을 기다렸고 그날만큼은 맛있는 과자를 먹을 수 있었습니다. 게일은 이 일로 윗사람들에게 혼이 나고 손수건 낙하산을 보내는 것을 금지당했습니다.

　"아이들이 내 손수건 낙하산을 기다릴 거야. 모두들 나를 좀 도와줘."

　게일은 동료들의 도움으로 손수건 낙하산을 계속 보낼 수 있었고, 그다음 해까지 25만 개의 손수건 낙하산을 보냈습니다. 게일 덕분에 베를린의 굶주린 아이들은 잠시나마 배고픔을 달랠 수가 있었지요.

그 후로 50년이 지났습니다. 1998년 베를린에서는 노인이 된 게일과 낙하산으로 과자를 받았던 중년이 된 아이들이 모였습니다. 베를린 시에서는 게일의 친절을 기념하기 위해 어린이날에 게일이 했던 것처럼 과자와 사탕을 담은 손수건 낙하산을 떨어뜨리는 행사를 열기도 하였습니다.

〈세상 속 숨은 이야기〉

게일의 친절 덕분에 베를린의 굶주린 아이들은 배고픔을 달랬을 뿐만 아니라 행복감도 느꼈습니다. 전쟁이 끝난 폐허 속에서 누군가 자신들을 걱정해 주고 돌봐 주는 사람이 있다는 것이 자신들도 충분히 살아갈 가치가 있다는 것을 깨닫게 해 주었습니다. 게일의 행동은 자신뿐만이 아니라 도움을 받은 사람들의 인생까지 값지게 해 주었습니다.

인물 더 알기
프리드리히 니체(1844~1900)
독일의 철학자입니다. 『차라투스트라는 이렇게 말했다』와 같은 철학에 관한 많은 책을 펴냈습니다.

명언 하나 더
우리는 일함으로 생계*를 유지하지만, 나눔으로 인생을 만들어 간다.
– 윈스턴 처칠(영국의 정치가)

*생계: 먹고 사는 것.

06

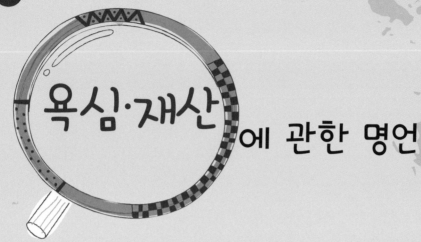

욕심·재산 에 관한 명언

자기를 좋아하는 사람도,
필요로 하는 사람도 없다고 느낄 때
오는 외로움은, 가장 큰 가난이다.

마더 테레사

숲 속에 욕심쟁이 까마귀가 살고 있었습니다. 까마귀가 비둘기장을 보니 모이가 많이 놓여 있고 비둘기들이 맛있게 식사를 하고 있었습니다.

"저 모이를 내가 빼앗아 먹으면 좋겠는데."

까마귀는 한 농부의 집으로 날아가 물감 통에 몸을 담갔습니다. 그랬더니 까마귀의 깃털이 비둘기처럼 색깔이 변했습니다.

비둘기장으로 날아간 까마귀는 비둘기인 척하고 모이를 쪼아 먹었습니다. 먹이를 배불리 먹은 까마귀는 그만 기분이 좋아 까악까악 하고 울고 말았습니다. 비둘기들은 까마귀를 알아보고 쫓아냈습니다. 까마귀는 하는 수 없이 까마귀 친구들이 있는 곳으로 날아갔습니다.

"얘는 까마귀가 아니야."

까마귀들은 하얗게 변한 까마귀를 쪼아 대며 쫓아냈습니다.

까마귀는 결국 자기 욕심만 부리다 비둘기와도 까마귀와도 어울릴 수 없게 되었습니다.

『이솝우화』

내가 욕심을 부리고 남의 것만 탐낸다면 누구도 나를 좋아하거나 필요로 하지 않을 것입니다. 그렇게 외로운 신세가 된 사람은 재산이 없는 사람보다 훨씬 더 가난하고 불행한 사람이 될 것입니다.

인물 더 알기

마더 테레사(1910~1997)

인도의 가톨릭 수녀이며 가난한 사람들을 돕는 사랑의 선교회를 만들었습니다. 가난한 사람들과 고아, 병든 사람들을 돌보는 데 일생을 바쳐 많은 사람들의 사랑과 존경을 받았고 노벨 평화상을 수상했습니다.

명언 하나 더

가난하다는 말은 너무 적게 가진 사람을 두고 하는 말이 아니라, 너무 많이 바라는 사람을 두고 하는 말이다.

– 세네카(고대 로마의 철학자이자 정치가)

> ## 너무 많은 것을 가지고 있으면서도
> ## 더 많이 탐내는 사람들은 가난한 거지이다.
>
> 에드워드 다이어

어떤 농부가 거위 한 마리를 시장에서 샀습니다. 며칠이 지나 거위가 낳은 알을 보니 번쩍번쩍 빛나는 황금 알이었습니다.

"세상에 황금 알을 낳는 거위를 얻다니. 나는 이제 부자가 될 거야."

농부는 거위에게 먹이도 많이 주고 아프지 않도록 잘 보살펴 주었습니다. 거위는 날마다 황금 알을 한 개씩 낳았고 농부는 점점 부자가 되었습니다.

"저 거위의 배 속에는 황금 알이 잔뜩 들어 있을 거야. 거위의 배를 갈라서 한꺼번에 황금 알을 꺼낸다면 당장 큰 부자가 될 수 있겠지."

농부는 살금살금 거위에게 다가가 얼른 거위를 붙들어 배를 갈랐습니다. 하지만 거위의 배 속에는 황금 알이 단 한 개도 들어 있지 않았습니다. 그제야 농부는 땅바닥에 주저앉아 후회를 했습니다.

"아이고, 가만히 놓고 잘 키웠으면 날마다 황금 알을 한 개씩 나에게 주었을 텐데. 이젠 그것마저도 얻을 수가 없구나."

농부는 땅을 치며 눈물을 흘렸지만 소용없는 일이었습니다.

『이솝우화』

사람들은 때로는 농부처럼 가만히 있으면 얻을 수 있는 것을 욕심을 부려 가진 것마저 잃어버리는 경우가 많습니다.

자신이 가진 것에 감사하며 욕심을 부리지 않아야 더 많은 것을 얻을 수 있답니다.

인물 더 알기

에드워드 다이어(1543~1607)

영국의 시인입니다. 엘리자베스 1세 때 벼슬을 받고 궁궐에 드나들었으며 기사 작위를 받았습니다. '내 마음은 왕국이라네'라는 작품이 알려져 있습니다.

명언 하나 더

하늘에서 황금 비를 내린다 해도 욕망을 다 채울 수 없다.

– 『법구경』(불교의 교리를 적은 책)

재산은 바닷물과 같아서
마실수록 더욱 목이 탄다.

쇼펜하우어

어느 바닷가에 늙은 어부 부부가 살았습니다. 하루는 어부가 커다란 물고기를 그물로 건져 올렸습니다. 마음 착한 어부는 물고기가 가엾어서 그냥 바다에 놓아 주었습니다. 그랬더니 놀랍게도 물고기가 사람의 말로 말했습니다.

"마음씨 착한 어부님, 저의 목숨을 구해 주셨으니 소원을 들어드릴게요."

집으로 돌아온 어부가 그 일을 아내에게 이야기했습니다. 그러자 아내는 당장 물고기에게 가서 큰 집과 보물을 잔뜩 받아 오라고 시켰습니다.

어부는 바닷가로 가서 물고기에게 아내의 소원을 이야기했습니다.

어부가 집에 와 보니 초가집 대신 고래 등 같은 기와집에 온갖 보물이 쌓여 있었습니다. 아내는 이번에는 자신을 여왕으로 만들어 달라고 했습니다.

어부의 아내는 여왕이 되어 궁궐에서 궁녀들과 살게 되었습니다. 하지만 어부의 아내는 만족하지 못하고 세상을 다스리는 신이 되게 해 달라고 소원을 빌게 했습니다.

하지만 이번에는 어부가 물고기를 만나고 집에 와 보니 아내는 옛날의 초가집에서 허름한 옷을 입고 앉아 있었습니다.

〈우리나라 옛이야기〉

한 번 재산을 가지면 더 가지고 싶은 것이 욕심 많은 사람의 마음입니다.

바닷물에는 소금기가 있어 마실수록 목이 타서 끝내 죽고 말듯이, 재산에 대한 욕심도 가지면 가질수록 커져 결국 불행해진답니다.

인물 더 알기

쇼펜하우어(1788~1860)

독일의 철학자입니다. 부유한 사업가인 아버지와 작가인 어머니 사이에서 태어난 쇼펜하우어는 문학가들과도 친하게 지냈고 글을 쓰는 것을 좋아했습니다. 독일 철학과 철학자들에게 큰 영향을 끼쳤습니다.

명언 하나 더

내가 죽으면 손을 관 밖으로 꺼내라.
천하를 손에 쥐었던 자도 죽을 때는 결국 빈손으로 간다는 것을 보여 주고 싶으니.

– 알렉산더 대왕(그리스에서 인도까지 지배했던 마케도니아의 왕)

재산은 거름과 같아서 쌓아 놓으면
악취를 풍기지만, 넓게 뿌려졌을 때에는
땅을 기름지게 한다.

톨스토이

어떤 구두쇠가 자신의 땅을 모두 팔아 금덩이를 샀습니다. 그리고 금덩이를 아무도 모르는 숲 속에 묻어 두고 날마다 보러 갔습니다.

그러던 중 구두쇠의 하인 하나가 주인을 따라가 금덩이를 묻어 놓은 것을 알게 되었습니다. 구두쇠 주인이 집으로 돌아가자 숨어서 엿보던 하인은 금덩이를 모두 캐내서 도망가 버렸습니다.

다음 날, 금덩이를 보려고 온 구두쇠는 누군가 금덩이를 가져가 버린 걸 알게 되었습니다.

"아이고 이를 어째. 내 금덩이를 몽땅 가져가 버렸네. 아까운 내 금덩이."

구두쇠는 속상해서 땅을 치며 펑펑 울었습니다.

마침 지나가던 나그네가 구두쇠의 이야기를 듣고 웃으며 말했습니다.

"그럼 돌덩이들을 묻어 두고 그것이 금덩이라고 생각하고 꺼내 보시오. 어차피 쓰지도 않고 묻어 둔 금덩이인데 돌덩이인들 무슨 상관이오."

『이솝우화』

나그네의 말처럼 재산을 베풀지 않고 묻어 두기만 한다면 돌덩이와 다를 것이 없답니다. 재산을 쌓아 놓으면 도둑맞거나 화를 당할 수 있지만, 베풀면 자기 자신과 많은 사람들을 행복하게 한답니다.

인물 더 알기

톨스토이(1828~1910)

톨스토이는 러시아 문학을 대표하는 세계적인 소설가입니다. 문학가로서뿐만 아니라 사상가·비평가로도 위대하다는 평가를 받고 있습니다. 『부활』, 『전쟁과 평화』, 『사람은 무엇으로 사는가』 등 훌륭한 작품을 많이 남겼습니다.

명언 하나 더
승자의 주머니에는 꿈이 있고,
패자의 주머니에는 욕심이 있다.

– 『탈무드』(유대인 학자들이 쓴 책)

행복에 이르는 길은
욕심을 채울 때가 아니라 비울 때 열린다.

에피쿠로스

등에 짐을 잔뜩 지고 가는 두 마리의 노새가 있었습니다. 앞서서 걷는 노새의 등에는 돈이, 뒤에 따라오는 노새의 등에는 곡식 자루가 실려 있었지요.

돈을 실은 노새가 잘난 척하며 말했습니다.

"나는 주인이 아주 아끼는 돈 자루를 싣고 가고 있으니 귀한 몸이지. 곡식 자루를 짊어진 초라한 너와는 달라."

조금 가다 보니 큰 바위 뒤에서 숨어 있던 도둑들이 뛰쳐나왔습니다. 도둑들은 돈 자루를 빼앗으려고 도망가는 노새를 마구 때렸습니다.

도둑이 지나간 후, 주인은 다친 몸을 일으켜 세우고 노새들을 데리고 걸었습니다. 돈도 빼앗기고 몸도 다친 노새가 슬피 울자, 곡식을 실은 노새가 말했습니다.

"내 짐이 초라해서 다행이야. 나는 곡식 자루를 빼앗기지도 않고 얻어맞지도 않았으니 말이야."

『이솝우화』

돈 자루를 실은 노새는 더 값진 것을 싣고 갔기 때문에 불행해졌습니다.

많이 가졌다고 더 행복한 것은 절대로 아닙니다. 행복은 욕심을 부리고 더 값진 것을 가졌을 때가 아니라, 자신이 가진 것에 만족하고 욕심을 버릴 때 얻을 수 있습니다.

인물 더 알기

에피쿠로스(BC 342(?)~BC 271)

고대 그리스의 철학자입니다. 원자론에 기초를 둔 에피쿠로스 학파를 창시하였으며, 아테네에서 '에피쿠로스 학원'을 열었습니다.

명언 하나 더

막대한 재산은 노예 신세다.

– 세네카(고대 로마의 철학자이자 정치가)

> ## 탐욕은 모든 것을 얻고자 욕심내어서
> ## 도리어 모든 것을 잃게 만든다.
>
> 몽테뉴

가난하지만 착하고 행복하게 사는 늙은 부부에게는 자식이 없었습니다.

어느 날, 할아버지가 산에 나무를 하러 갔습니다. 할아버지는 뱀이 둥지에 있는 새끼 새를 잡아먹으려 하는 것을 보고 뱀을 쫓았습니다. 그런데 근처에 있던 어미 새가 날아와 할아버지의 수건을 물고 옹달샘 옆에 떨어뜨렸습니다.

목이 마른 할아버지는 샘물을 한 모금 마셨고 젊은이가 되었습니다. 그 옹달샘의 물은 젊어지는 샘물이었지요.

할아버지는 한걸음에 달려가 할머니를 데려와 샘물을 마시게 했습니다. 할머니도 새색시처럼 젊어졌습니다.

옆집에 사는 욕심 많은 할아버지가 그 사실을 알게 되었습니다.

"나한테도 그 샘물이 어디 있는지 알려 주게."

욕심쟁이 할아버지는 젊어지는 샘물을 찾아가 샘물을 벌컥벌컥 마셨습니다. 너무 욕심을 부려 많이 마신 할아버지는 그만 갓난아기가 되고 말았습니다.

젊은 부부는 욕심쟁이 할아버지를 찾아 나서다 갓난아기를 보았습니다. 그리고 데려와서 자신들의 아기로 키우게 되었답니다.

〈우리나라 옛이야기〉

욕심쟁이 할아버지는 욕심을 부리고 샘물을 너무 많이 마셔서 젊은이가 아닌 갓난아기가 되고 말았습니다. 탐욕, 즉 지나치게 갖고자 하는 욕심이 많으면 오히려 더 많은 것을 잃어버리고 맙니다.

인물 더 알기

몽테뉴(1533~1592)

프랑스의 철학자이자 문학가입니다. 자신의 경험과 독서를 통해 있는 그대로의 인간의 모습, 자연에게 모든 것을 맡기는 인간의 지혜 등을 그의 책 『수상록』에 담았습니다.

명언 하나 더

새 두 마리를 한데 묶어 보아라. 네 개의 날개를 갖는다 해도 날지 못할 것이다.

— 수피(이슬람계의 신비주의자)

도전! 명언 만들기

▶ 나눔 · 친절

1. 친절한 행동은 아무리 작은 것이라도 결코 헛되지 않다.

– ⬚ 행동은 아무리 작은 것이라도 결코 헛되지 않다.

2. 똑똑하기보다 친절한 것이 낫다.

– 똑똑하기보다 ⬚ 것이 낫다.

3. 많이 가진 사람이 모두 부자는 아니다. 나눠 줄 수 있는 사람이 진정 부자다.

– 많이 가진 사람이 모두 부자는 아니다. ⬚ 사람이 진정 부자다.

▶ 욕심 · 재산

1. 너무 많은 것을 가지고 있으면서도 더 많이 탐내는 사람들은 가난한 거지이다.

– 너무 많은 것을 가지고 있으면서도 더 많이 탐내는 사람들은 ⬚ .

2. 승자의 주머니에는 꿈이 있고 패자의 주머니에는 욕심이 있다.

– 승자의 주머니에는 ⬚ 이(가) 있고 패자의 주머니에는

⬚ 이(가) 있다.

3. 행복에 이르는 길은 욕심을 채울 때가 아니라 비울 때 열린다.

– ⬚ 에 이르는 길은 욕심을 채울 때가 아니라 비울 때 열린다.

07

행운·행복 에 관한 명언

행운을 만나면 겸손해지고
불운을 만나면 신중해져라.

페리안드로스

랍비가 당나귀와 개를 데리고 여행을 떠났습니다.

걷다가 밤이 되자, 랍비는 마을 어귀에 있는 헛간 밖에 당나귀와 개를 묶어 놓고 헛간 안에서 잠이 들었습니다.

아침에 잠에서 깬 랍비는 깜짝 놀랐습니다. 당나귀와 개를 묶어 놓았던 자리에는 사자의 발자국과 핏자국이 남겨져 있었습니다.

"사자들이 내 당나귀와 개를 물어 갔구나."

랍비는 전 재산이 사라져 절망에 빠졌습니다.

마을로 들어오니 마을 여기저기에서는 여자들의 울음소리가 들렸습니다.

"어젯밤 나쁜 도둑들이 몰려와서 노예로 판다고 남자들을 다 끌고 갔어요. 재산도 다 빼앗아 갔답니다."

'내가 만난 불행이 사실은 행운이었구나. 사자가 당나귀와 개를 잡아가지 않았다면 도둑들이 쳐들어왔을 때 당나귀와 개가 짖으며 소란을 피웠을 거야. 그럼 도둑들은 헛간에 내가 있는 걸 알고 잡아갔겠지.'

랍비는 가진 것을 다 잃었기 때문에 목숨을 구했다는 것을 깨달았습니다.

『탈무드』

나에게 불행한 일이 생겼다고 좌절하거나 절망해서는 안 됩니다. 그것이 랍비의 이야기처럼 나중에는 행운이 될 수 있으니까요. 행운과 불행은 언제든 뒤바뀔 수 있으니 겸손하고 신중해야겠지요.

인물 더 알기
페리안드로스(BC 6세기경으로 추정)

페리안드로스는 고대 그리스의 도시 국가 중 하나였던 코린토스의 정치가로서 왕과 같은 권력을 누린 지배자였습니다. 고대 그리스의 현명한 철학자 일곱 사람 중 한 명으로 꼽힙니다.

명언 하나 더
불행을 통해 행복이 무엇인지 배우게 된다.

– 토머스 풀러(영국의 성직자 · 역사가)

> **인간은 자기가 행복하다는 것을 알지 못하기 때문에 불행한 것이다.**
>
> 도스토옙스키

아주 먼 옛날에는 행복이 아주 찾기 쉬운 곳에 있었습니다. 사람들은 노력하지 않고 쉽게 행복을 얻으려고 했고 남의 행복을 빼앗기 위해 미워하고 싸우고 욕심을 부렸습니다.

천사들은 더 이상 그 모습을 두고 볼 수가 없어 인간들에게서 행복을 빼앗아 버렸습니다. 천사들은 행복을 어디에 숨길까 고민했습니다.

"아주 깊은 바다에 숨겨 놓으면 어떨까?"

"아니야. 깊은 바닷속이라도 들어가서 찾아낼걸?"

"아주 높은 산에 숨겨 놓자. 쉽게 오를 수 없을 만큼 높은 산에 말이야."

하지만 이번에도 천사들은 고개를 저었습니다.

그때 한 천사가 소리쳤습니다.

"사람들 마음속에 행복을 숨겨 놓는 거야. 사람들은 어리석어서 자신의 마음속에 있는 행복을 쉽게 찾을 수 없을걸?"

천사들의 예상대로 사람들은 행복을 찾기 어려워했습니다. 가장 가까운 곳, 바로 자기 마음속에 숨겨져 있는데 말입니다.

〈세상 속 숨은 이야기〉

사람들은 행복을 멀리서 힘들게 찾으려고 합니다. 아주 작은 것, 나와 가까운 곳에서도 얼마든지 행복을 찾을 수 있습니다. 아무리 많은 것을 가진 사람도 자기가 만족하지 않고, 행복하다고 생각하지 않으면 불행한 것입니다.

인물 더 알기

도스토옙스키(1821~1881)

도스토옙스키는 러시아의 대표적인 작가입니다. 『죄와 벌』, 『카라마조프 가의 형제들』과 같은 훌륭한 작품을 남겼습니다.

명언 하나 더

우리는 행복하기 때문에 웃는 것이 아니고 웃기 때문에 행복한 것이다.

– 윌리엄 제임스(미국의 심리학자 · 철학자)

행복의 문 하나가 닫히면 다른 문이 열린다.
하지만 우리는 닫힌 문을 너무 오래 바라보느라
열린 문을 보지 못한다.

헬렌 켈러

뉴턴은 어렸을 때부터 수학과 과학을 좋아했습니다. 뉴턴은 20대가 되자마자 케임브리지 대학에서 수학을 공부했습니다.

하지만 대학에 들어오고 얼마 후, 학교는 문을 닫고 학생들을 집으로 돌려보냈습니다. 당시 영국에는 페스트라는 무서운 전염병이 돌았기 때문이었지요.

공부를 하고 싶어 했던 뉴턴은 잔뜩 실망한 채 집으로 돌아와야 했습니다.

그러던 어느 날, 나무에 앉아 책을 읽고 있던 뉴턴은 사과가 나무에서 툭 떨어지는 것을 보았습니다.

"사과는 왜 나뭇가지에 매달려 공중에 떠 있지 않고 땅이 잡아당긴 것처럼 툭 하고 떨어질까?"

모두가 당연하게 생각했던 것에 대해 뉴턴은 곰곰이 생각했습니다. 학교에 다니지 않아 생각할 시간도 많았습니다.

마침내 뉴턴은 우주의 모든 물체들은 서로 잡아당기는 힘이 있다는 만유인력의 법칙을 발견해 냈습니다.

〈인물 이야기〉

좋지 않은 일이 생겼다고 절망할 필요가 없습니다. 행복의 문 하나가 닫히면 닫힌 문만 바라보며 절망하지 말고, 그 일로 생길 수 있는 다른 좋은 일을 찾아보면 됩니다.

인물 더 알기

헬렌 켈러(1880~1968)

미국의 작가이자 교육가입니다. 보지도 듣지도 말하지도 못하는 세 가지 장애를 가지고 있었지만 스승인 앤 설리번의 도움으로 글자를 배우고 공부를 했습니다. 헬렌 켈러는 세 가지 장애를 가진 사람 중에 최초로 대학을 졸업한 사람이 되었고 세계 여러 나라를 돌아다니며 희망과 사랑, 장애인 복지를 위한 활동을 했습니다.

명언 하나 더

행복은 희망만 있으면 싹이 튼다.

– 괴테(독일의 문학가)

하루는 도시에 사는 쥐가 시골에 사는 친구 쥐에게 놀러 갔습니다.

"먼 길 오느라 배고팠지?"

도시 쥐는 시골 쥐가 내놓은 썩은 무, 감자, 말라붙은 옥수수 알맹이를 보며 얼굴을 찌푸렸습니다.

"내가 사는 도시에는 네가 상상도 못 할 만큼 맛있는 음식들이 깔려 있어."

시골 쥐는 도시 쥐의 말에 귀가 솔깃해서 그 길로 따라나섰습니다.

도시에 간 시골 쥐는 너무나 정신이 없고 무서웠습니다. 사람들이 너무 많이 다녔고 자동차도 쌩쌩 달렸거든요.

도시 쥐는 자기가 사는 집의 부엌으로 친구를 데리고 들어갔습니다. 도시 쥐가 말한 대로 케이크, 과자, 빵 등이 식탁이며 바닥에 떨어져 있었습니다.

시골 쥐와 도시 쥐는 음식을 맛있게 먹기 시작했습니다. 그런데 곧 부엌으로 여자가 들어오더니 소리를 지르며 빗자루를 휘둘러 쥐들을 내쫓았습니다.

겨우 도망친 시골 쥐는 도시 쥐가 불쌍하게 생각되었습니다.

"난 우리 집으로 돌아갈래. 보잘것없는 음식이어도 맘 편하게 먹으면서 사는 게 최고지."

「이솝우화」

행복이란 마음이 편한 상태를 말합니다. 값비싼 옷을 입고 좋은 음식을 먹어도 마음이 불안하고 걱정거리가 많다면 행복한 사람이 아닙니다.

인물 더 알기

이솝(BC 620~BC 560)

고대 그리스의 작가로 『이솝우화』의 지은이입니다. 그리스 이름은 아이소포스이며 노예의 신분이었습니다. 그가 쓴 『이솝우화』는 성서 다음으로 세상에서 가장 많이 읽히는 책으로 알려져 있습니다.

명언 하나 더

행복하게 산다는 것은 마음의 평온함을 뜻한다.

– 키케로(고대 로마의 정치가 · 철학자)

> 행복은 손에 쥐고 있는 동안에는
> 항상 작게 보이지만, 놓치고 나면
> 그것이 얼마나 크고 귀중한 것인지 깨닫는다.
>
> 도스토옙스키

가난해서 하루 종일 일을 해야만 하는 소년이 있었습니다.

소년은 일을 마치고 돌아오는 길에 강 건너편에서 황금 유리로 번쩍이는 집을 보았습니다.

"와, 저렇게 황금빛으로 빛나는 집이 있었구나. 저 집에 사는 사람들은 얼마나 행복할까?"

소년은 그날 이후로 집에 돌아올 때마다 강 건너 황금 유리 집을 보며 부러워했습니다.

늘 황금 유리 집을 바라보며 부러워하기만 하던 소년은 그 집에 가 보기로 했습니다. 그런데 가까이 가 보니 황금색으로 빛나던 집은 그저 초라한 평범한 집이었습니다. 유리창에 햇빛이 반사되어 황금색으로 빛날 뿐이었지요.

잔뜩 실망한 소년은 집으로 돌아가기 위해 뒤를 돌았습니다. 그런데 강 건너편에서 허름한 자기 집을 보니 황금색으로 빛나는 게 아니겠어요? 자기 집 창문도 햇빛을 받아 황금처럼 빛나고 있었던 것입니다.

〈세상 속 숨은 이야기〉

행복은 멀리 있는 것이 아니라, 가까이 그것도 내가 이미 가지고 있을 수도 있습니다. 그 행복을 잃고 나서야 얼마나 행복했는지 깨닫지 말고 내가 가지고 있는 행복에 만족하고 기뻐할 줄 알아야겠지요.

인물 더 알기

도스토옙스키(1821~1881)

도스토옙스키는 러시아의 대표적인 작가입니다. 『죄와 벌』, 『카라마조프 가의 형제들』과 같은 훌륭한 작품을 남겼습니다.

명언 하나 더

행복한가 그렇지 못한가는 결국 우리들 자신에게 달려 있다.

– 아리스토텔레스(고대 그리스 철학자)

현명한 사람은 기회를 행운으로 만든다.

토머스 풀러

미국의 앨라배마 주에는 엔터프라이스라는 작은 마을이 있습니다. 이 마을 사람들은 모두가 목화 농사를 지어 먹고 살았습니다.

그런데 어느 해 바구미 벌레가 마을에 들어와 목화 농사를 망쳐 놓고 말았습니다. 벌레가 목화를 다 갉아 먹어 팔 수 있는 것이 거의 없었지요.

"이제 우리는 어떻게 살아간단 말인가?"

평생 목화 농사만을 지어 온 마을 사람들은 모두 절망에 빠졌습니다. 그때 식물학과 농업을 연구해 온 카버 박사가 나섰습니다.

"여러분, 제가 연구해 본 결과 더 이상 목화 농사는 짓기 힘듭니다. 이것을 하늘이 준 기회라고 생각하고 땅콩 농사를 지어 봅시다. 땅콩은 목화가 자랐던 메마른 땅에서도 잘 자랄 수 있습니다."

"평생 목화만 키웠는데 갑자기 땅콩을 키우라니요."

카버 박사는 반대하는 사람들을 설득했습니다. 사람들은 카버 박사의 말을 듣고 땅콩을 심었습니다. 어차피 더 이상 목화를 심을 수도 없었거든요.

땅콩은 메마른 땅에서도 잘 자랐습니다. 마을 사람들 모두 땅콩을 많이 수확했지만 이번에는 땅콩 값이 내리고 판매가 잘되지 않았습니다.

그러자 카버 박사는 땅콩을 이용한 요리법을 많이 개발해 내었고 땅콩은 불티나게 팔렸습니다.

엔터프라이스 마을은 땅콩으로 부자 마을이 되었습니다. 사람들은 카버 박사가 준 교훈을 잊지 않기 위해 마을에 기념비를 세웠습니다.

만일 목화 농사를 망친 벌레가 없었다면
땅콩으로 인해 우리가 이렇게
부자가 되지 못했을 것이다.
벌레들이 우리에게 준 고난에 감사한다.

〈세상 속 숨은 이야기〉

모두가 절망했던 일을 기회로 바꾼 카버 박사가 없었다면, 엔터프라이스 마을은 아직도 가난하거나 마을 사람들은 뿔뿔이 흩어졌을지도 모릅니다. 카버 박사처럼 현명한 사람은 나에게 닥친 위기에 흔들리지 않고 더 나은 길로 갈 수 있는 기회를 만듭니다.

인물 더 알기
토머스 풀러(1608~1661)
영국의 성직자이며 역사가였습니다. 작가로서도 활발히 활동하여 많은 책을 썼습니다.

명언 하나 더
행운이란 준비와 기회를 만났을 때 나타난다.
– 세네카(고대 로마의 철학자이자 정치가)

08

정직 에 관한 명언

정직함보다 더 값진 유산은 없다.

윌리엄 셰익스피어

　미국의 한 백화점 사장인 스튜어트는 정직하게 장사를 해야 한다고 믿는 사람이었습니다.

　어느 날 스튜어트는 직원들을 둘러보다가 점원에게 물었습니다.

　"이보게, 이번에 새로 들어온 신상품은 어떠한가?"

　"이번 상품은 색상도 예쁘게 나오지 못했고 바느질도 허술합니다."

　잠시 후, 한 신사가 좀 전에 스튜어트가 물었던 신상품에 관심을 보였습니다. 그러자 점원은 상품의 칭찬을 늘어놓았습니다. 신사는 점원의 말만 믿고 지갑을 꺼냈습니다.

　그때였습니다. 스튜어트가 다가와 신사를 말렸습니다.

　"손님, 저는 이 백화점의 사장입니다. 제품에 문제가 있는 것 같습니다. 저에게 연락처를 주시면 좋은 상품을 다시 주문해서 연락드리겠습니다."

　그 신사는 스튜어트의 정직함에 감동받았습니다. 그리고 정직하게 물건을 판다는 소문이 나서 사업은 크게 성공하게 되었습니다.

〈인물 이야기〉

　스튜어트가 질이 나쁜 물건을 그대로 팔았다면 어떻게 됐을까요? 그 손님은 다시는 그 백화점에서 물건을 사지 않았을 것입니다. 정직하게 장사를 한 덕분에 스튜어트는 신뢰를 얻었고 더 많은 물건을 팔 수 있었습니다.

　정직이야말로 가장 중요하며 확실한 재산입니다.

인물 더 알기

윌리엄 셰익스피어(1564~1616)

셰익스피어는 영국 최고의 시인이며 극작가입니다. 『로미오와 줄리엣』, 『햄릿』, 『베니스의 상인』 등 수많은 유명한 작품을 썼고 지금까지도 그의 작품은 책과 연극, 영화 등으로 많은 사람들의 사랑을 받고 있습니다.

명언 하나 더

정직은 가장 좋은 정책이다.

– 세르반테스(『돈키호테』를 쓴 스페인의 작가)

> ## 거짓말쟁이에게 주어지는 가장 큰 벌은
> ## 그가 진실을 말했을 때 사람들이 믿지 않는 것이다.
>
> 『탈무드』

신들의 왕인 제우스가 결혼한다는 소식이 세상에 퍼졌습니다.

"제우스 신이 헤라 여신과 결혼한대. 정말 대단한 혼인 잔치가 될 거야."

토끼도 여우도 모두들 멋진 결혼 선물을 주려고 준비를 서둘렀습니다.

결혼식 날, 많은 신들과 동물들이 참석했습니다.

꿀벌은 열심히 모아 둔 꿀을 제우스에게 내밀었습니다. 제우스는 기뻐하며 꿀벌의 선물을 받았습니다.

카나리아는 그동안 열심히 연습한 노래를 불렀습니다.

마지막으로 뱀이 나왔습니다. 뱀은 평소에 거짓말과 나쁜 짓을 많이 해서 동물들뿐만 아니라 신들도 싫어했습니다.

"제우스님, 제가 아름다운 장미꽃을 바치겠습니다."

제우스는 뱀이 입으로 물어다 준 장미를 받지 않았습니다.

"네 선물은 받지 않겠다. 네가 얼마나 거짓말쟁이에 못된 녀석인지 내가 모를 줄 아느냐?"

뱀은 제우스의 호통에 숲 속으로 도망치고 말았습니다.

『이솝우화』

평소에 거짓말을 많이 하고 나쁜 짓을 한 사람은 어쩌다가 정직한 말을 해도 사람들이 믿지 않습니다. 착한 행동을 해도 의심을 받게 됩니다.

믿음을 잃어버린 것은 거짓말쟁이에게 가장 큰 벌입니다.

책 더 알기

『탈무드』

유대인 학자들이 쓴 책으로 조상 대대로 내려오는 지혜와 정신적인 문화를 이야기로 꾸몄습니다. 유대인의 모든 사상이 담겨 있어 유대인들이 소중하게 생각하는 책입니다.

명언 하나 더

당신은 모든 사람을 잠시 속일 수 있다. 그리고 어떤 사람을 항상 속일 수는 있다.
하지만 모든 사람을 항상 속일 수는 없다.

– 에이브러햄 링컨(미국의 대통령)

어느 날 한 소년의 어머니가 아이를 데리고 간디를 찾아와 말했습니다.

"선생님, 제 아이가 사탕을 너무 좋아해서 이가 많이 썩고 말았습니다. 사탕은 몸에 해로운 것이니 그만 먹으라고 말씀 좀 해 주십시오."

간디는 소년의 또랑또랑한 눈망울을 보며 잠시 생각하더니 말했습니다.

"지금부터 딱 두 달 있다가 다시 나를 찾아오시오."

간디의 말에 소년과 어머니는 돌아갔다 두 달 후에 다시 찾아왔습니다.

"얘야, 사탕은 치아를 썩게 한단다. 그러니 그만 먹는 것이 좋겠구나."

아이는 간디의 말에 고개를 끄덕였습니다. 아이가 방에서 나간 후, 아이의 어머니는 고개를 갸우뚱하며 간디에게 왜 두 달 후에 오라고 했는지 물었습니다.

간디는 웃으며 대답했습니다.

"나는 사탕을 즐겨 먹으면서 아이에게 먹지 말라고 한다면 아이에게 거짓말을 한 셈이 되잖소. 두 달 동안 노력해서 좋아하던 사탕을 끊었소."

〈인물 이야기〉

간디는 아이에게 거짓말을 하지 않기 위해 두 달간 사탕을 끊으려 노력했습니다. 아이에게 거짓말을 하는 것은 어른에게 하는 것보다 훨씬 나쁘다는 것을 알기 때문이었지요. 아이들을 정직하게 가르치고 키우는 것은 아주 중요합니다. 어렸을 때 정직한 사람이 어른이 되어서도 정직한 법이니까요.

인물 더 알기

러스킨(1819~1900)

영국의 비평가이며 사회사상가입니다. 예술 특히 미술에 뛰어난 안목을 가지고 비평을 했으며 많은 책을 남겼습니다.

명언 하나 더

정직을 잃은 자는 더 이상 잃을 것이 없다.

– 존 릴리(영국의 소설가 · 극작가)

먹이를 잔뜩 먹고 배가 부른 늑대가 어슬렁거리며 산책을 나섰습니다. 늑대는 들판을 돌아다니다 어린 양을 발견했습니다.

늑대는 날쌔게 달려가 앞발로 양을 붙잡아 눌렀습니다.

늑대는 배가 불러 당장 양을 잡아먹고 싶은 생각이 없었습니다.

"배가 불러 기분이 좋으니 네가 나에게 세 가지의 정직한 말을 한다면 널 놓아주겠다. 단, 한 가지라도 거짓말이 들어 있으면 안 돼."

어린 양은 늑대의 말을 듣고 바들바들 떨면서 말했습니다.

"알겠어요. 어차피 죽을 목숨이니 진실만을 말할게요. 첫째, 저는 다시는 당신을 보고 싶지 않아요. 다시 만나면 또 잡힐 테니까요. 둘째, 당신의 눈이 멀어 저를 붙잡을 수 없으면 좋겠어요. 셋째, 우리 양들을 괴롭히는 못된 늑대들이 다 사라져 버렸으면 좋겠어요."

늑대는 양의 말을 듣고 곰곰이 생각했습니다.

"기분 좋은 말은 아니지만 거짓말은 하나도 없군."

늑대는 약속대로 양을 놓아주었습니다. 양은 깜짝 놀라 눈이 휘둥그레졌다가 늑대에게 고맙다고 인사를 하고 집으로 돌아갔습니다.

『이솝우화』

진실을 말할 때는 양처럼 용기가 필요할 때도 있습니다. 진실은 달콤한 거짓말이나 그럴듯하게 포장한 연설보다도 훨씬 강합니다. 용기 있게 진실을 말하는 사람이 강하고 현명한 사람입니다.

인물 더 알기

찰스 디킨스(1812~1870)

찰스 디킨스는 영국의 대표적인 소설가입니다. 어린이들에게도 잘 알려진 『올리버 트위스트』를 비롯해서 『위대한 유산』, 『두 도시 이야기』, 『크리스마스 캐럴』과 같은 훌륭한 작품을 많이 썼습니다.

명언 하나 더
정직은 가장 확실한 재산이다.

– 랠프 월도 에머슨(미국의 철학자 · 시인)

무슨 일을 할 때마다 비록 자기만 아는 일이라 해도,
세상 사람들이 나를 보고 있다면
어떻게 행동할지 스스로에게 물어보라.
그리고 거기에 맞게 행동하라.

토머스 제퍼슨

중국의 황제가 자식이 없어 왕위를 물려줄 사람을 찾아야 했습니다.

"나라를 잘 다스리려면 첫째로 정직한 사람이어야 해."

황제는 나라에서 똑똑하고 현명하다는 젊은이들을 불러 모았습니다. 각 지역에서 뽑힌 젊은이들을 한자리에 모아 놓고 황제는 말했습니다.

"내가 씨앗을 한 개씩 나눠 줄 테니 화분에 심어서 잘 키우도록 해라. 그리고 모두 1년 후에 화분을 이리로 가져오너라. 가장 아름다운 꽃을 피운 사람에게 황제의 자리를 물려주겠다."

씨앗을 받은 청년들 중에는 마량이라는 이름을 가진 젊은이도 있었습니다. 마량은 씨앗을 정성껏 돌보았지만 꽃이 피기는커녕 싹도 나지 않았습니다.

"이상하다. 열심히 물도 주고 햇볕에 내놓기도 했는데 왜 싹이 나지 않는 걸까? 내 정성이 모자란 걸까?"

그렇게 1년의 세월이 지났습니다. 마량은 싹도 나지 않은 빈 화분을 가지고 궁궐로 들어갔습니다.

다른 사람들의 화분을 본 마량은 깜짝 놀랐습니다. 모두들 하나같이 화려하고 아름다운 꽃을 피운 화분을 들고 있었거든요.

드디어 황제가 나와 화분을 든 젊은이들을 둘러보았습니다. 그리고 화려한 꽃을 든 다른 사람들은 거들떠보지도 않고 마량에게 곧장 걸어왔습니다.

"내가 준 씨앗은 꽃이 피지 않는 씨앗이었다. 정직이라는 꽃을 피운 마량이 새 황제가 될 것이다."

황제의 말에 마량도 신하들도 젊은이들도 모두 놀랐답니다.

〈중국 옛이야기〉

정직한 마량을 뺀 나머지 젊은이들은 어떻게 화려한 꽃을 피운 화분을 들고 왔을까요? 씨앗에서 싹이 나지 않자, 몰래 씨앗을 바꾼 것이지요.

내가 혼자 있을 때에도 온 세상 사람들이 보고 있다고 생각해 보세요. 정직하게 숨김없이 행동해야겠지요. 자기만 아는 일이라도 자신에게 떳떳하고 부끄러움이 없어야 합니다.

인물 더 알기
토머스 제퍼슨(1743~1826)
미국의 정치가이자 교육자, 철학자입니다. 미국 독립선언문의 기초를 만들었고 미국의 제3대 대통령을 지냈습니다. 버지니아 대학교를 세우고 학문과 교육의 발전에 힘썼습니다.

명언 하나 더
완벽한 사람이 아닌 솔직한 사람이 돼라.
– 앤드류 매튜스(호주 출신의 작가)

> 하늘은 정직한 사람을 도울 수밖에 없다.
> 정직한 사람은 신이 만든 것 중에
> 가장 좋은 작품이기 때문이다.
>
> 세르반테스

가난한 선비가 살고 있었습니다. 글 읽는 것을 좋아해서 방 안에 앉아 글만 읽었습니다. 가족들이 쫄쫄 굶게 되자, 선비의 아내는 화를 냈습니다.

선비는 아내의 등쌀에 나와 일을 구했지만 해 본 적이 없는지라 어떤 일도 잘해 낼 수 없었습니다. 선비의 아내는 낫을 주며 남의 논에서 잘 익은 벼를 베어 오라고 시켰습니다. 논 주변을 왔다 갔다 하던 선비는 동쪽 하늘에 밝게 빛나는 샛별을 보았습니다.

"샛별 님, 샛별 님. 제가 식구들을 먹이기 위해 남의 벼를 베어도 될까요?"

선비는 다시 샛별 흉내를 내며 대답했습니다.

"당연히 안 된단다. 정직한 마음으로 살아야 하느니라."

정직한 선비는 남의 것을 훔칠 수 없어 빈손으로 집으로 돌아왔습니다. 식구들은 하루 종일 또 굶어야 했지요.

다음 날, 건장한 머슴이 찾아와 선비와 함께 일을 하겠다고 했습니다. 머슴은 품삯도 받지 않고 선비와 함께 일을 해서 돈을 벌고 식량을 얻었습니다.

머슴 덕분에 선비는 일도 배우고 자신의 논밭을 일구게 되었습니다.

시간이 지난 후 머슴이 떠나겠다고 하자, 선비는 머슴에게 고마워하며 품삯을 주겠다고 했습니다.

"선비님, 당신의 정직한 마음이면 충분합니다. 나는 샛별이랍니다. 당신이 논의 벼를 베지 않고 갔을 때 나는 당신을 지켜보고 있었습니다."

머슴이 된 샛별이 정직한 선비를 도와주었던 것입니다.

〈우리나라 옛이야기〉

선비는 가난했지만 정직한 마음을 잃지 않았기 때문에 복을 받았습니다.

거짓말하거나 남의 것을 욕심내어 훔칠 때 아무도 모르면 괜찮다고 생각하는 사람들이 있습니다. 하지만 누군가는 보거나 알게 되기 마련입니다.

하늘은 정직한 사람을 돕습니다. 거짓말을 하게 되거나 남을 속이게 될 때 하늘이 나를 지켜보고 있다고 생각하면 정직한 마음을 지킬 수 있을 거예요.

인물 더 알기
세르반테스(1547~1616)
세르반테스는 스페인을 대표하는 소설가이자 극작가입니다. 그가 쓴 『돈키호테』는 세계적으로 잘 알려진 소설이며, 엉뚱한 기사인 돈키호테와 조수인 산초의 모험담을 재미있게 그린 작품입니다.

명언 하나 더
오래가는 행복은 정직한 것에서만 발견할 수 있다.
— 리히텐베르크(독일의 물리학자이자 저술가)

도전! 명언 만들기

▶ 행복 · 행운

1. 현명한 사람은 기회를 행운으로 만든다.

– 현명한 사람은 [   ] 을(를) 행운으로 만든다.

2. 행복은 희망만 있으면 싹이 튼다.

– 행복은 [   ] 만 있으면 싹이 튼다.

3. 행복하게 산다는 것은 마음의 평온함을 뜻한다.

– 행복하게 산다는 것은 [   ] 을(를) 뜻한다.

▶ 정직

1. 정직한 말 한마디는 웅변과 마찬가지로 강력하다.

– 정직한 말 한마디는 [   ] 과(와) 마찬가지로 강력하다.

2. 완벽한 사람이 아닌 솔직한 사람이 돼라.

– 완벽한 사람이 아닌 [   ] 사람이 돼라.

3. 정직을 잃은 자는 더 이상 잃을 것이 없다.

– [   ] 을(를) 잃은 자는 더 이상 잃을 것이 없다.

09

 에 관한 명언

> **희망은 절대로 당신을 버리지 않는다.**
> **다만 당신이 희망을 버릴 뿐이다.**
>
> 리처드 브리크너

인기 잡지 〈엘르〉의 편집장인 장 도미니크 보비는 두 아이의 아빠이며 행복한 집안의 가장이었습니다.

보비는 마흔세 살 때 그만 뇌졸중*으로 쓰러져 3주 동안 혼수상태였습니다. 깨어난 보비는 정신은 돌아왔지만 몸은 전혀 움직일 수가 없었습니다. 오로지 움직일 수 있는 것은 왼쪽 눈꺼풀뿐이었지요.

하지만 보비는 희망을 버리지 않고 움직일 수 있는 왼쪽 눈꺼풀을 이용해서 책을 쓰기로 했습니다. 왼쪽 눈을 깜박거려 프랑스 알파벳을 하나씩 찾아 글을 이어 갔지요.

하지만 이렇게 하는 것은 그에게 엄청난 고통이었습니다. 쉬지 않고 눈을 깜박여야 했고 이렇게 해서 하루에 겨우 책을 반 페이지밖에 쓰지 못했으니까요.

그는 1년 3개월 동안 눈을 20만 번 깜박거려 『잠수복과 나비』라는 책을 썼습니다. 그는 많은 사람들에게 희망을 주는 책을 내고 세상을 떠났습니다.

〈인물 이야기〉

몸을 움직일 수 없고 말도 할 수 없으며 혼자서는 숨 쉴 수도 없을 정도로 할 수 있는 것이 아무것도 없어 보였지만, 장 도미니크 보비는 왼쪽 눈을 깜박거려 한 권의 책을 완성해 냈습니다. 그가 희망을 버리지 않았기에 그처럼 위대한 일을 해낼 수 있었습니다.

*뇌졸중: 뇌혈관에 이상이 생기는 병.

리처드 브리크너(1933~2006)
미국의 소설가입니다. 『망가진 날들』이라는 소설을 통해 사람들에게 희망과 용기를 주었습니다.

명언 하나 더
희망은 우리 일생의 어느 시간에도 우리를 버리지 않는다.

– 스티븐슨(영국의 발명가)

> 우리가 무슨 생각을 하느냐가
> 우리가 어떤 사람이 되는지를 결정한다.
>
> 오프라 윈프리

호손은 보스턴 세관*에서 검사관으로 일했습니다. 어느 날 그는 잔뜩 처진 어깨를 하고 집으로 돌아왔습니다.

"여보, 나 오늘 세관에서 해고당했어. 이젠 우리 어떡하지?"

하지만 그의 아내는 화를 내기는커녕 부드러운 미소로 말했습니다.

"오히려 전 기쁜걸요. 당신이 좋아하는 글쓰기를 할 수 있잖아요."

호손은 아내의 말을 듣고 어이가 없다는 표정으로 쳐다보았습니다.

"그럼 우리는 앞으로 무얼 먹고 산단 말이오. 내가 당장 글을 써서 생활비를 벌 수가 없는데."

"걱정 말아요. 나는 당신이 작가가 되리라는 희망을 버린 적이 없어요. 그동안 당신의 월급에서 조금씩 떼어 저축을 했어요. 그걸로 1년 정도는 당신이 글만 쓰며 살 수 있어요."

아내 덕분에 호손은 글쓰기에 집중할 수 있었습니다. 그리고 미국 문학사에 길이 남을 『주홍글자』와 『큰 바위 얼굴』 같은 작품을 남겼답니다.

〈인물 이야기〉

호손의 아내는 남편이 작가가 되리라는 희망을 버리지 않았습니다. 현명한 아내 덕분에 호손도 어려움을 견디며 작가가 되는 것을 포기하지 않았지요. 우리가 무엇을 생각하고 꿈꾸느냐가 우리가 어떤 사람이 되는지를 결정합니다.

*세관: 항구나 비행장에서 드나드는 사람들의 물건과 짐을 검사하고 허가하는 곳.

인물 더 알기
오프라 윈프리(1954~)

〈오프라 윈프리 쇼〉를 진행하는 미국의 방송 진행자입니다. 불우한 어린 시절을 보냈지만 모든 것을 극복하고 지금은 세계에서 가장 영향력 있는 유명 인사로 손꼽히고 있습니다. 토크 쇼의 여왕이라 불리며 백만장자가 된 오프라는 흑인 여성과 가난한 사람들을 위해 좋은 일을 많이 하고 있습니다.

명언 하나 더
내 비장*의 무기는 아직 손안에 있다. 그것은 희망이다.

– 나폴레옹 (프랑스의 황제)

*비장: 남모르게 소중히 간직함.

꿈이 사라진 인생은 날개를 접은 새와 같다.
더 이상 높이 날 수 없기 때문이다.

랭스턴 휴스

보어 전쟁은 1899년부터 1902년까지 남아프리카에서 살던 네덜란드의 보어 인과 영국 사이에서 일어난 전쟁입니다.

보어 인들과 영국 군대가 남아프리카 영토를 차지하기 위해 전투를 하고 있을 때였습니다. 도시의 수비군들은 영국의 군대를 철저하게 막아야 했습니다.

그런데 그때 한 남자가 빈정대며 군인들에게 말했습니다.

"당신들은 영국 군대를 절대 이길 수 없어. 영국 군인들은 좋은 무기를 가지고 있고 숫자도 많다고."

도시를 지키는 수비군들은 그 말을 듣고 희망을 잃은 나머지 무기력해져서 싸우려고 하지 않았습니다.

나중에 사람들은 전투에서 진 원인이 적군의 무기와 공격이 아닌, 군인들에게서 희망을 빼앗아 버렸기 때문이라는 것을 알게 되었습니다.

군인들에게 질 거라고 떠벌리고 다닌 남자는 재판을 받고 죄를 지었다는 판결을 받았습니다. 그의 죄목은 바로 '낙담*시키는 자'였습니다.

〈세상 속 숨은 이야기〉

꿈과 희망을 잃으면 사람들은 고통을 참고 이겨 내려 하지 않고 앞으로 나가려고도 하지 않습니다. 날개를 접은 새는 더 높이 날기는커녕 땅으로 떨어지게 됩니다. 꿈과 희망을 잃은 인생도 마찬가지입니다.

*낙담: 희망한 일이 되지 않아 마음이 상함.

인물 더 알기

랭스턴 휴스(1902∼1967)

미국의 시인입니다. 흑인인 랭스턴 휴스는 인종 차별에 대한 시를 많이 썼고 흑인 문학을 위해 앞장섰으며, 흑인 연극 단체들을 만들기도 했습니다.

명언 하나 더

희망이 없다면 사람들은 고통을 기꺼이 감수하지 않을 것이다.

– 마이클 에드워즈(시민운동가)

> ## 희망은 볼 수 없는 것을 보고,
> ## 만질 수 없는 것을 느끼고, 불가능한 것을 이룬다.
>
> 헬렌 켈러

루이 브라이는 1804년 프랑스 남부에서 태어났습니다.

아버지 시몬 브라이는 말 위에 얹는 안장, 재갈 같은 말에 필요한 장신구를 만드는 사람이었습니다. 아버지의 작업실에는 가죽과 끈, 송곳, 망치 등 여러 도구들이 많았습니다.

루이가 세 살 때의 일입니다. 루이는 아버지의 작업실에 몰래 들어갔습니다.

"나도 아버지처럼 멋진 것들을 만들 테야."

세 살짜리 꼬마 루이는 아버지가 하던 대로 송곳을 가지고 이리저리 구멍을 뚫어 보았습니다. 그러다 그만 잘못해서 왼쪽 눈을 찌르고 말았습니다.

가족들이 병원에 데리고 갔지만 상처가 깊어 나을 수가 없었습니다. 왼쪽 눈이 완전히 멀고 얼마 지나지 않아 그만 오른쪽 눈도 감염되고 말았습니다.

루이는 네 살 때 왼쪽 눈도 오른쪽 눈도 하나도 보이지 않는 장님이 되고 말았습니다. 하지만 루이와 그의 부모님은 절대로 희망을 버리지 않았습니다.

"너는 앞을 보지 못하지만 많은 것을 할 수 있단다."

루이는 부모님처럼 희망을 가지고 열심히 공부했습니다. 그리고 맹인들도 책을 읽을 수 있도록 점자를 만들었습니다. 바로 자신을 눈멀게 한 송곳을 가지고 종이에 올록볼록 글씨를 새겨 점자를 만들어 냈습니다.

그는 전 세계 시각장애인에게 커다란 희망과 삶을 누릴 수 있는 기회를 준 위대한 인물이 되었습니다.

〈인물 이야기〉

지금도 시각장애인이 정상적인 생활을 하면서 안전하고 편리하게 살기엔 부족하고 어려운 세상이지만, 200년 전에는 더더욱 어려운 일이었지요.

루이 브라이는 큰 장애를 가지고 있었지만 희망을 가지고 정상인보다 더 열심히 공부하고 노력했어요. 덕분에 역사에 길이 남을 점자를 만들어 많은 사람들에게 행복을 주었습니다. 희망은 모두가 상상할 수 없는 일을 해내는 위대한 힘을 가지고 있답니다.

인물 더 알기

헬렌 켈러(1880~1968)

미국의 작가이자 교육가입니다. 보지도 듣지도 말하지도 못하는 세 가지 장애를 가지고 있었지만 스승인 앤 설리번의 도움으로 글자를 배우고 공부를 했습니다. 헬렌 켈러는 세 가지 장애를 가진 사람 중에 최초로 대학을 졸업한 사람이 되었고 세계 여러 나라를 돌아다니며 희망과 사랑, 장애인 복지를 위한 활동을 했습니다.

명언 하나 더

사람들은 맹인으로 태어난 것보다 더 큰 불행이 뭐냐고 내게 묻는다.
그럴 때 나는 시력은 있되, 비전*이 없는 것이라고 대답한다.

– 헬렌 켈러(미국의 작가 겸 사회사업가)

*비전(vision): 미래에 대한 희망이나 꿈.

> ## 오랫동안 꿈을 그리는 사람은
> ## 마침내 그 꿈을 닮아 간다.
>
> 앙드레 말로

미국 뉴욕의 소녀 모제스는 그림 그리는 것을 좋아했습니다. 물감이 귀하던 시절이었기 때문에 모제스는 딸기즙이나 포도즙으로 그림에 색칠을 하곤 했습니다. 하지만 모제스는 너무나 가난해서 열두 살 때부터 남의 집 가정부로 일했습니다. 스물여덟 살 때까지 가정부 생활을 했고, 그해에 농부인 토마스와 결혼해서 농사일을 하며 살았습니다.

모제스는 농사일을 하며 10남매를 낳아 길렀습니다. 그가 농사일을 그만두고 쉬게 되었을 때는 일흔일곱 살이었습니다.

"나는 한 번도 내 꿈을 잊은 적이 없어. 나는 화가가 될 거야."

모제스는 일흔일곱 살의 나이에 그림을 다시 그리기 시작했습니다. 관절염 때문에 손가락을 움직이기조차 힘들었지만 모제스는 포기하지 않았습니다.

모제스는 농장과 농사일 등 자신의 지나간 생활을 그림에 담았습니다. 그렇게 그림을 열심히 그린 결과 여든 살이 되었을 때는 뉴욕의 화랑에서 첫 개인전을 열 수가 있었습니다.

전시회는 크게 성공하였고, 그의 이름 앞에는 '할머니 화가'라는 말이 붙어 다녔습니다.

모제스는 죽는 순간까지 자신의 꿈이었던 그림을 그렸습니다. 모제스는 백한 살이 되었을 때 세상을 떠났고 1,600여 점이나 되는 많은 그림을 남겼습니다.

〈인물 이야기〉

너무나 가난해서 화가가 될 수 없었지만, 모제스는 자신의
꿈을 늘 가슴에 간직했습니다. 일흔일곱 살이면 모두가
할머니라고 부르는 나이지만 모제스에게는 꿈
을 시작하는 나이였습니다. 자신의 꿈을 잃지
않고 마음속에 간직하고, 또 그것을 늦은
나이에도 이루려고 노력했습니다. 꿈
을 계속 가지고 있으면 언젠가는 반
드시 이루어지게 된답니다.

인물 더 알기

앙드레 말로(1901~1976)

프랑스의 소설가이자 정치가입니다. 『정복자』, 『인간의 조건』과 같은 소설을 썼고 프랑스
문화부 장관을 지내기도 했습니다.

명언 하나 더

가슴 깊은 곳의 순수한 소망은 언제나 이루어지는 법이다.

– 마하트마 간디(인도의 정치가)

꿈꿀 수 있다면 그것을 실현할 수도 있다.

월트 디즈니

닉 부이치치는 희귀병으로 팔과 다리가 없이 몸통만 가지고 이 세상에 태어났습니다. 부모조차 그를 괴물이라 불렀을 정도였지요. 닉 부이치치의 어머니는 그를 아들로 받아들이는 데 4개월이 걸렸다고 합니다.

어린 닉이 학교에 다녔을 때 그는 친구들에게 많은 놀림을 받았습니다.

"닉, 넌 절대 결혼할 수 없을 거야."

"넌 직업도 가질 수 없을걸. 넌 이 세상에 필요 없는 사람이야."

괴롭힘을 당하고 외톨이가 된 닉은 너무나 절망해서 죽어 버릴까 생각도 했습니다. 하지만 그는 자신도 꿈을 꾼다면 꿈을 이룰 수 있을 거라는 희망을 가졌습니다.

"난 직업도 구하고 결혼도 할 거야. 운동도 배울 거라고."

그는 열심히 공부해서 대학에서 회계학*과 재무학*을 공부했습니다.

남들과 똑같이 수영, 축구, 서핑*같은 운동도 배웠습니다.

닉 부이치치는 지금 꿈을 이루며 살고 있습니다. 자신의 희망대로 아름답고 착한 여자와 결혼해서 예쁜 아기도 낳았습니다.

그는 세계 여러 나라를 다니며 많은 사람들에게 희망과 용기를 주는 일을 하고 있습니다.

〈인물 이야기〉

*회계학: 기업의 이익과 손해를 계산하고 다루는 학문.
*재무학: 회사 같은 사업체에 필요한 돈을 잘 이용할 수 있도록 연구하는 학문.
*서핑(surfing): 널빤지로 높은 파도를 타는 것.

팔다리가 없이 몸통만 가지고 태어나 세상을 살아간다는 것은 평범한 사람으로서는 상상하기 힘든 일입니다. 하지만 닉 부이치치는 절망적인 상황에서도 희망을 가지고 꿈을 이루었습니다. 꿈을 꿀 수 있다면 그것을 이룰 수도 있습니다. 팔다리가 없는 닉 부이치치는 말합니다.

"내가 할 수 있으면 당신도 할 수 있습니다."

인물 더 알기

월트 디즈니(1901~1966)

미키 마우스, 도널드 덕과 같은 캐릭터를 만들어 낸 미국의 애니메이션 제작자입니다. 수많은 애니메이션 영화를 제작하여 크게 성공했고 디즈니랜드를 세우기도 했습니다. 지금도 디즈니 영화사에서는 〈미녀와 야수〉, 〈인어공주〉, 〈알라딘〉, 〈겨울왕국〉 등 많은 만화 영화를 만들어 내고 있습니다.

명언 하나 더

위대한 희망은 위대한 인물을 만든다.

— 토머스 풀러(영국의 성직자 · 역사가)

10

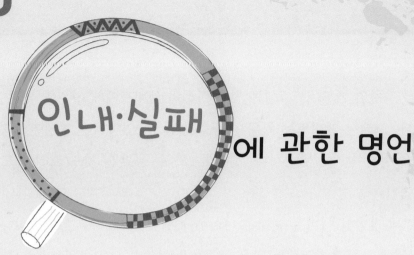

인내·실패 에 관한 명언

영국의 왕인 에드워드 7세는 첫째 아들인 앨버트에게 왕위를 물려주려고 했습니다. 그래서 앨버트는 왕위 교육을 받을 수 있었지만 동생인 조지는 왕위 교육을 전혀 받지 못했습니다. 심지어 조지는 배우는 것도 느려 글도 잘 쓰지 못했습니다.

그런데 장남인 앨버트가 젊은 나이에 폐렴에 걸려 죽고 말았습니다. 얼떨결에 왕위에 오른 조지 5세는 많은 어려움을 겪었습니다. 힘든 일이 생기면 좌절하고 나중에는 우울증까지 생겼습니다.

그러던 어느 날, 조지 5세는 도자기 공장에서 색깔도 모양도 똑같은 두 개의 꽃병을 보았습니다. 한 개는 윤기가 흐르고 생동감 있어 보였고 나머지 하나는 그냥 투박해 보였지요.

조지 5세는 공장장에게 물었습니다.

"아니 똑같은 꽃병인데 왜 이렇게 다른 거요?"

"폐하, 윤기 나는 멋진 도자기는 뜨거운 불에 구워진 것이고, 투박한 것은 불에 들어가지 않은 것입니다. 그것을 비교하기 위해 나란히 놓아둔 것입니다."

조지 5세는 그 말을 듣고 인생도 그러하다는 것을 깨달았습니다. 그 후로 온갖 고난을 이겨 내고 나라를 잘 다스려 훌륭한 업적을 쌓은 왕이 되었습니다.

〈인물 이야기〉

뜨거운 불의 온도를 이겨 내야 윤기 나는 멋진 도자기가 탄생합니다. 사람 또한, 고난과 시련을 이겨 내고 일어서야 더 훌륭하고 강한 사람이 됩니다.

키케로(BC 106~BC 43)

고대 로마의 정치가이자 철학자입니다. 뛰어난 웅변가이기도 했던 키케로는 로마의 혼란스러운 정치에 몸담았다가 죽음을 당했습니다. 키케로는 『국가론』, 『우정에 관하여』 등의 책과 훌륭한 글을 많이 남겼습니다.

명언 하나 더

지금 하는 일이 마음에 들지 않는다고 최선을 다하지 않는 사람은 어떤 일도 잘할 수 없다.

– 보도 섀퍼(독일의 경제 상담가)

인내는 쓰다. 그러나 그 열매는 달다.

장 자크 루소

농사를 짓던 농부가 화가 나서, 어느 날 신에게 따졌습니다.

"농사를 지을 때 날씨가 얼마나 중요한지 아시잖아요. 그런데 내가 원하는 때에 비가 오지 않아 벼가 말라죽고, 또 어떤 때에는 계속 비가 와 홍수가 나서 논밭이 잠겨 버리기도 하지요."

잠자코 농부의 불만을 듣고 있던 신이 대답했습니다.

"그럼 올 한 해만큼은 네가 날씨를 마음대로 조절할 수 있게 해 주겠다."

농부는 신에게 받은 능력으로 날씨를 마음대로 조절했습니다. 비가 와야 될 때 비를 내리고 햇볕이 필요할 때 해가 나오게 했습니다. 그리고 태풍이나 바람은 논에 오지 못하게 막았습니다.

가을이 되자, 농부는 기뻐하며 벼를 수확했습니다. 그런데 벼 이삭에 알맹이가 하나도 없이 쭉정이만 있는 것이었습니다.

놀라는 농부에게 신이 말했습니다.

"열매는 가뭄과 홍수, 비바람을 견뎠을 때 알차게 열리는 것이다. 그저 편하게 햇볕과 물만 받아먹어서는 빈 껍질만 남을 뿐이지."

『탈무드』

벼나 호두 같은 열매들도 비바람과 뜨거운 햇볕과 싸워 가며 자랐을 때 열매가 튼실하게 열립니다. 사람도 고난과 역경을 극복하면 훨씬 더 강해지고 더 큰 성공을 이루게 된답니다.

인물 더 알기

장 자크 루소(1712~1778)

루소는 프랑스의 사상가이며 교육자, 철학자입니다. 그가 쓴 교육 철학을 담은 책 『에밀』은 많은 사람들에게 큰 영향을 주었습니다.

명언 하나 더

고난이 크면 클수록 장차 더 큰 영광이 찾아온다.

— 키케로(고대 로마의 정치가 · 철학자)

실패로부터 배운 것이 있다면 이 또한 성공이다.

말콤 포브스

미국의 한 화학제품 회사에 스펜서 실버라는 연구원이 있었습니다. 스펜서 실버는 여러 가지 원료를 섞어 아주 특별한 접착제를 만들어 냈습니다. 하지만 새로 만든 접착제는 너무나 잘 떨어졌습니다.

"접착제라는 것이 한 번 딱 잘 붙고 떨어지지 않아야 되는데. 실패했군."

회사 사람들은 이 접착제의 연구를 실패로 생각했습니다. 스펜서 실버도 자신의 실패를 인정했습니다. 하지만 이대로 포기할 수는 없었습니다.

"비록 실패한 접착제이긴 하지만 어딘가에 쓸모가 있을지도 몰라."

스펜서 실버는 많은 사람들에게 실패한 접착제에 대해 알렸습니다.

몇 년 후, 아트 프라이라는 사람이 스펜서 실버의 접착제 이야기를 듣게 되었습니다. 그리고 스펜서 실버와 함께 딱 붙지 않는 실패한 접착제를 바른 종이를 만들어 냈습니다. 쉽게 떼었다 붙였다 할 수 있으니 어디에나 흠이 나지 않고 편하게 쓸 수 있었습니다.

이것이 바로 지금 우리가 흔히 사용하는 포스트잇이랍니다.

〈세상 속 숨은 이야기〉

포스트잇은 실패한 발명품에서 만들어진 것이지만 결국 가장 성공한 상품이 되었습니다. 실패로부터 또 다른 방법을 생각해 낼 수 있다는 것, 그리고 더 많이 노력해야 한다는 것을 배운다면 그것은 그냥 실패한 것이 아닙니다.

실패를 하더라도 실망하지 말고 거기서 배울 것을 찾아야 한답니다.

인물 더 알기

말콤 포브스(1919~1990)

미국 최대 경제 잡지인 〈포브스〉의 발행인입니다. 〈포브스〉는 미국 사회에 가장 큰 영향을 끼친 잡지 중의 하나로 평가받고 있습니다. 말콤 포브스는 그의 잡지에 전 재산을 투자해서 억만장자가 되었습니다.

명언 하나 더

나는 아무것도 해 보지 않고 성공했다고 자랑하는 것보다는,
차라리 위대한 일을 시도했다가 실패하고 싶다.

− 로버트 슐러(미국의 목사)

> **실수하지 않는 사람이 되는 것보다
> 포기하지 않는 사람이 되는 것이 중요하다.**
>
> 보도 섀퍼

개구리 세 마리가 실수로 커다란 우유 통에 빠지고 말았습니다. 허우적거렸지만 통이 깊고 우유가 가득 차 있어 빠져나올 수가 없었습니다.

"우리는 이제 다 죽었구나."

첫 번째 개구리는 바로 포기하고 우유 밑으로 꼬르륵 가라앉고 말았습니다. 두 번째 개구리와 세 번째 개구리는 가라앉지 않으려고 헤엄을 쳤습니다. 하지만 곧 두 번째 개구리도 헤엄치는 것을 그만두었습니다.

"우리가 계속 이렇게 헤엄친다고 우유 통에서 빠져나갈 수는 없어."

두 번째 개구리도 포기하고 우유 속으로 가라앉았습니다.

"나는 절대로 포기하지 않을 거야."

세 번째 개구리는 힘들었지만 끝까지 포기하지 않고 헤엄쳤습니다. 그렇게 하루 이틀이 지나고 너무나 지쳐 더 이상 헤엄을 칠 수가 없을 때였습니다. 발에 딱딱한 것이 밟혔습니다. 세 번째 개구리가 계속 우유를 휘저은 덕분에 우유가 굳어져서 버터가 된 것입니다.

세 번째 개구리는 버터를 딛고 폴짝 뛰어 우유 통 밖으로 나갔습니다.

『이솝우화』

세 번째 개구리는 끝까지 포기하지 않았기 때문에 스스로 살길을 찾을 수 있었습니다. 실수하지 않는 사람이 되는 것보다 실수를 하더라도 포기하지 않는 사람이 더 훌륭한 사람입니다.

인물 더 알기

보도 섀퍼(1960~)

독일의 경제 상담가입니다. 경제에 대한 책을 쓰고 강의를 통해 많은 사람들에게 돈을 버는 방법, 투자의 방법 등에 대해 알려 주고 있습니다. 어린이들을 위해 『열두 살에 부자가 된 키라』를 쓰기도 했습니다.

명언 하나 더

사람이 넘어지는 것은 불명예가 아니다.
그가 넘어졌을 때 그대로 누워서 원망하는 것이 바로 불명예이다.

- 조시 빌링스(미국의 작가)

> **참고 버텨라. 그 고통은 조금씩 너에게**
> **좋은 것을 가져다줄 것이다.**
>
> 오비디우스

많은 사람들이 인류에게는 유명한 세 개의 사과가 있다고 말합니다. 하나는 아담과 이브의 사과, 또 다른 하나는 만유인력의 법칙을 발견한 뉴턴의 사과, 마지막 하나는 미술 역사를 바꾸어 놓은 세잔의 사과입니다.

이렇게 유명하고 가치 있는 세잔의 사과가 탄생하기까지는 세잔의 엄청난 인내력이 필요했습니다.

프랑스의 화가인 폴 세잔은 사과를 무려 30년 동안이나 그렸다고 합니다. 어떤 때는 사과가 다 썩을 때까지 똑같은 사과를 그리고 또 그렸습니다.

정물화를 그릴 때도 백 번이 넘게 같은 그림을 그렸고 초상화를 그릴 때는 모델을 백오십 번이나 자리에 앉혔다고 합니다. 심지어 백오십 번이나 그리고도 "이제 겨우 셔츠 앞쪽이 괜찮아 보이는군." 하고 중얼거렸다고 합니다.

인내심을 가지고 30년 동안이나 사과를 그린 덕분에, 세잔은 후대의 작가들에게 큰 영향을 끼친 훌륭한 화가로 남았습니다.

〈인물 이야기〉

어떤 사람은 똑같은 것을 두 번 하는 것도 지겨워합니다. 하지만 세잔은 수백 번 같은 소재로 같은 그림을 그리며 지루함의 고통을 참았습니다.

인내는 고통스럽지만 나를 더 훌륭한 사람으로 만들어 주는 가장 좋은 가르침입니다.

인물 더 알기

오비디우스(BC 43~AD 17)

고대 로마의 시인입니다. 그의 작품 중에서 가장 유명한 『변신이야기』는 신화와 전설을 긴 시로 쓴 것으로 그리스 로마 신화의 뿌리가 되는 작품이라고 할 수 있습니다. 풍부한 상상력과 표현력으로 훌륭한 작품이라고 평가받았으며 후대에 널리 읽히고 있습니다.

명언 하나 더

참을성 있는 사람은 그가 원하는 것을 이룰 수 있다.

– 벤저민 프랭클린(미국의 정치가 · 발명가)

도전! 명언 만들기

▶ 희망

I. 오랫동안 꿈을 그리는 사람은 마침내 그 꿈을 닮아 간다.

– 오랫동안 꿈을 그리는 사람은 마침내 [   ].

2. 희망은 절대로 당신을 버리지 않는다. 다만 당신이 희망을 버릴 뿐이다.

– [   ]은(는) 절대로 당신을 버리지 않는다.

　다만 당신이 [   ]을(를) 버릴 뿐이다.

3. 우리가 무슨 생각을 하느냐가 우리가 어떤 사람이 되는지를 결정한다.

– 우리가 [   ]을(를) 하느냐가 우리가 어떤 사람이 되는지를 결정한다.

▶ 인내 · 실패

I. 고난이 크면 클수록 장차 더 큰 영광이 찾아온다.

– 고난이 크면 클수록 장차 더 큰 [   ]이(가) 찾아온다.

2. 실수하지 않는 사람이 되는 것보다 포기하지 않는 사람이 되는 것이 중요하다.

– 실수하지 않는 사람이 되는 것보다 [   ] 사람이 되는 것이 중요하다.

3. 인내는 쓰다. 그러나 그 열매는 달다.

– 인내는 쓰다. 그러나 [   ].

11

노력에 관한 명언

> **지금 잠을 자면 꿈을 꾸지만**
> **지금 공부하면 꿈을 이룬다.**
>
> 도스토옙스키

랍비가 되기로 결심한 유대인 청년이 있었습니다. 청년은 낮에는 학비를 벌기 위해 힘든 일을 하고 밤에는 꿈을 이루기 위해 야간 학교에 다녔습니다.

병이 나서 일자리를 잃은 청년은 수업료를 내지 못해 학교도 다닐 수가 없었습니다.

"배고픈 건 참을 수 있지만 내 꿈을 이루기 위해서는 공부를 계속해야 해."

청년은 저녁이 되자 학교의 교실로 들어가는 대신 지붕으로 기어 올라갔습니다. 그리고 지붕에 나 있는 창문에 귀를 대고 강의를 들었습니다. 그러다 자기도 모르게 잠이 들고 말았습니다.

다음 날 아침, 한 학생이 지붕에 엎드려 있는 청년을 발견했습니다. 랍비와 학생들은 깜짝 놀랐고 추위에 몸이 얼어 있는 청년을 데리고 왔습니다. 랍비는 청년에게 큰 감동을 받았습니다.

"자신의 꿈을 이루기 위해 이렇게까지 공부하는 학생에게 어떻게 수업료를 받겠나? 걱정 말고 더욱 열심히 학교에 다니게나."

청년은 열심히 공부해서 훌륭한 랍비가 되었고 제자도 많이 키워 냈습니다.

『탈무드』

청년은 자신의 꿈을 이루기 위해 열심히 공부했습니다. 남들보다 더 노력하는 사람만이 꿈을 이룰 수 있습니다. 내가 놀고 자는 순간에도 꿈을 이루려는 사람들은 편안함을 버리고 열심히 공부하고 있다는 것을 잊지 마세요.

인물 더 알기

도스토옙스키(1821~1881)

도스토옙스키는 러시아의 대표적인 작가입니다. 『죄와 벌』, 『카라마조프 가의 형제들』과 같은 훌륭한 작품을 남겼습니다.

명언 하나 더

배움은 미래를 위한 가장 큰 준비이다.

– 아리스토텔레스(고대 그리스 철학자)

현명한 사람은 얻는 기회보다
자기가 만드는 기회가 더 많다.

베이컨

미국 뉴욕항의 리버티 섬에는 뉴욕을 상징하는 자유의 여신상이 있습니다.

1884년에 만들어진 자유의 여신상은 1974년에 대대적인 수리를 받게 되었습니다. 거대한 크기의 여신상에서는 수리하는 과정에서 많은 양의 쓰레기가 나왔습니다.

미국 정부에서는 쓰레기를 처리할 사람을 찾았지만 쉽지 않았습니다. 쓰레기를 처리하는 법 규정이 까다로워 아무도 나서지 않았거든요. 그때 한 유대인 사업가가 나타나서 쓰레기를 몽땅 처리하겠다고 가져갔습니다.

"이것으로 자유의 여신상을 만들 겁니다."

쓰레기를 산 유대인은 자유의 여신상에서 나온 쓰레기로 열쇠고리 같은 작은 장식용 여신상을 만들었습니다.

사람들은 자유의 여신상을 너도나도 샀습니다. 장식용 여신상의 재료가 진짜 자유의 여신상에서 나온 거라고 하니 인기가 더욱 좋았습니다.

유대인이 쓰레기 더미를 살 때는 350달러가 들었지만, 그 쓰레기로 만든 자유의 여신상을 모두 팔았더니 350만 달러(40억 원 정도)나 벌게 되었습니다.

〈세상 속 숨은 이야기〉

모두들 쓰레기 더미라고 생각했지만 현명한 사람은 그것을 기회로 만들었습니다. 가만히 앉아 있어서는 성공의 기회가 오지 않습니다. 내가 스스로 노력해서 기회를 만들어 내야 성공에 가까이 갈 수 있습니다.

류 쉬쿤은 중국의 유명한 피아니스트입니다. 1967년에 류 쉬쿤은 중국 정부에 의해 체포되어 감옥에 가게 되었습니다. 정치적인 일과 관계가 있다는 의심을 받았기 때문이었지요. 소식을 들은 많은 사람들이 안타까워했습니다.

"아까운 인재가 감옥에서 썩겠군. 이제 그의 피아노 소리를 들을 수 없겠어."

류 쉬쿤은 6년 동안 감옥 생활을 한 끝에 풀려났습니다. 류 쉬쿤은 감옥에서 나오자마자 피아노 연주회를 열었습니다. 그의 피아노 연주를 들은 사람들은 예전보다 더 훌륭해진 연주를 듣고 깜짝 놀라 어떻게 된 일인지 물었습니다.

"나는 감방에서 하루도 거르지 않고 피아노 연주를 했습니다."

"아니, 감방에는 피아노가 없을 텐데요."

사람들의 말에 류 쉬쿤은 웃으며 말했습니다.

"나는 날마다 마음속으로 연습했습니다. 내가 연주해서 외웠던 곡들을 하나도 빠짐없이 하루 종일 연습했지요."

〈인물 이야기〉

피아니스트 류 쉬쿤은 피아노 연주를 할 수 없는 감옥에서도 하루도 쉬지 않고 마음속으로 피아노 연습을 했습니다.

꾸준한 연습과 노력 없이는 자신이 원하는 것을 얻을 수 없습니다. 꿈을 이루고 싶다면 어떤 어려운 상황에서도 꾸준히 노력해야 합니다.

인물 더 알기

박지성(1981~)

한국의 축구 선수입니다. 국가 대표를 지냈고 '에인트호번', '맨체스터 유나이티드' 같은 유명한 외국 축구단에서 활약했습니다. 평발이라는 단점을 극복하고 꾸준한 연습으로 훌륭한 축구 선수가 되었습니다.

명언 하나 더

새벽에 일어나서 공부하고 운동하며 노력하는데도 '인생에서 좋은 일이 일어나지 않는다.' 라고 말하는 사람을 본 적이 없다.

– 앤드류 매튜스(호주 출신의 작가)

첼로 연주자인 토스카니니는 시력이 매우 나빴습니다. 연주할 때 제대로 악보를 볼 수 없을 정도였지요. 하지만 토스카니니는 악보를 보지 않고도 틀리지 않고 연주를 잘해 냈습니다.

토스카니니의 비밀은 바로 악보를 통째로 외우는 것이었습니다. 자신이 연주하는 부분을 알아채려면 다른 악기의 악보도 알고 있어야 했기 때문에 악보를 전부 외워야 했지요.

토스카니니가 속해 있는 관현악단이 연주회를 앞둔 어느 날이었습니다. 그런데 지휘자가 갑자기 아파서 쓰러지고 말았습니다.

"어떡하지? 지휘자가 없이 어떻게 연주를 한단 말인가?"

"혹시 악보를 다 외우고 있는 사람 있어요? 그럼 지휘를 할 수 있을 텐데."

모두들 걱정하고 있을 때 나이 어린 토스카니니가 손을 번쩍 들었습니다. 토스카니니는 지휘자로 무대에 올랐고, 멋지게 연주회를 이끌었습니다.

그 후로 토스카니니는 첼로 연주자 대신 지휘자로 이름을 날리기 시작했고 세계에서 가장 유명한 지휘자 중 한 명이 되었습니다.

〈인물 이야기〉

연주자가 시력이 나빠 악보를 보지 못한다는 것은 큰 약점이 될 수 있습니다. 하지만 토스카니니는 오히려 자신의 약점 때문에 악보를 통째로 외웠고 지휘자로서 나설 기회를 잡게 되었습니다. 늘 노력하고 준비된 사람만이 기회를 잡을 수 있습니다.

인물 더 알기

파스퇴르(1822~1895)

루이 파스퇴르는 프랑스의 미생물학자입니다. 질병과 미생물의 관계에 대해 연구하여 여러 가지 질병의 치료 약을 만들어 내기도 했습니다. 탄저병과 광견병 예방법을 만들었으며 미생물학의 아버지라고 불립니다.

명언 하나 더

만약 기회가 찾아오지 않는다면 스스로 기회를 만들어라.

– 새뮤얼 스마일스(영국의 작가)

> 오래 살지 못할 것이라는 예상이
> 나로 하여금 열심히 살게 했고
> 더 많은 일들을 하도록 했다.
>
> 스티븐 호킹

젊은 나이에 암에 걸린 로젠버그는 해군에서 억지로 제대하고 암 수술을 네 번이나 받았습니다. 그는 의사에게 2주밖에 살 수 없다는 말을 들었지만 남은 시간을 다시 해군이 되어 최선을 다해 살고 싶었습니다. 하지만 암에 걸린 환자는 해군이 될 수 없었습니다.

로젠버그는 국회를 찾아가 법을 바꾸어 달라고 부탁했습니다. 로젠버그의 의지에 감동받은 국회의원들과 트루먼 대통령은 로젠버그가 다시 해군에서 복무할 수 있게 해 주었습니다.

해군으로 돌아간 로젠버그는 건강할 때보다 더 열심히 활기차게 일했습니다. 피를 토하며 쓰러져도 다시 일어서서 훈련을 받고 부하들을 지휘했습니다.

그 후로 1년이 지났지만 그는 여전히 살아 있었고 기적적으로 암도 치료가 되었습니다. 어윈 로젠버그는 계속 해군에서 복무했고 제7함대 사령관의 자리까지 올랐습니다.

〈인물 이야기〉

자신이 살날이 얼마 남지 않았다고 하면 아까운 시간을 낭비하는 사람도 있겠지만 스티븐 호킹 박사나 로젠버그처럼 더 열심히 사는 사람도 있을 것입니다. 두 사람 모두 자신의 일에 대한 열정으로 운명을 이겨 냈습니다. 죽음을 두려워하지 않고 열심히 노력한 덕분에 병을 치유하는 기적을 이루었습니다.

인물 더 알기

스티븐 호킹(1942~)

영국의 물리학자이자 교수입니다. 대학원에서 물리학을 공부할 때 몸속의 운동 신경이 파괴되고 온몸이 뒤틀리는 루게릭병(근육 위축증)에 걸렸습니다. 의사들은 호킹이 1, 2년밖에 살지 못할 거라고 했지만 호킹은 더욱 열정적으로 학문 연구에 몰두하여 세계 최고의 물리학자가 되었습니다.

명언 하나 더

평생 살 것처럼 꿈을 꾸고 생의 마지막 날인 것처럼 오늘을 살아라.

– 부처(불교를 창시한 인도의 성자), 제임스 딘(미국의 영화배우)

인간 최대의 승리는 내가 나를 이기는 것이다.

플라톤

어린 시절 미국으로 건너간 이승복은 열한 살 때부터 체조를 했습니다. 열다섯 살 때는 미국 올림픽 예비 대표 선수로 뽑히기도 했지요.

어느 날, 이승복은 체조 연습을 하다가 떨어져 그만 몸이 마비되는 큰 부상을 입었습니다. 3개월간 꼼짝 못 하고 병원에만 누워 있었고 9개월간은 손가락을 구부리는 훈련만 해야 했습니다.

이승복은 아무것도 할 수 없는 자신의 몸이 원망스럽고 답답했지만 다시 공부를 시작했습니다.

"비록 내 몸은 휠체어에 갇혀 있지만 꼭 이 세상에 필요한 사람이 될 거야."

이승복은 건강한 사람도 하기 힘들 정도로 열심히 공부했습니다. 그래서 다트머스 의대에 합격하고 수석 졸업을 했습니다.

지금은 미국 최고 병원인 존스홉킨스에서 재활의학과 수석 전문의로 있습니다. 이승복은 손가락 근육을 움직이지 못해 도구를 이용해야만 글씨를 쓸 수 있는, 장애가 심한 의사지만 병원에서 가장 인기 있는 의사랍니다.

〈인물 이야기〉

이승복은 비록 중증 장애인이지만 훌륭한 의사가 되어 환자들을 치료하고 돕고 있습니다.

자기 자신을 이기는 사람은 다른 모든 사람을 이길 수 있다고 했습니다. 힘들고 절망적인 상황을 이겨 내고 노력하고 도전하는 것이 바로 자신을 이기는 것입니다.

인물 더 알기

플라톤(BC 427~BC 347)

고대 그리스의 대표적인 철학자입니다. 소크라테스의 제자이며, 그리스 아테네 교외에 학교를 열어 많은 사람들을 가르쳤습니다. 국가와 정치, 행복에 관해 강의하고 책을 썼으며 철학을 학문으로 만들었다는 평가를 받고 있습니다.

명언 하나 더

가장 강한 적은 자기 자신이다.

– 아베베(에티오피아의 마라톤 선수)

하늘은 스스로 돕는 자를 돕는다.

새뮤얼 스마일스

미국 테네시에서 태어난 윌마는 2kg밖에 안 되는 미숙아였습니다. 게다가 네 살 때 소아마비에 걸려 일어설 수조차 없었습니다.

윌마의 어머니는 버스로 왕복 네 시간이 넘게 걸리는 병원을 데리고 다니며 윌마를 치료했습니다.

"윌마는 혼자서는 걷지도 서지도 못할 것입니다."

의사들은 한결같이 말했지만 윌마와 윌마의 어머니는 치료를 포기하지 않았습니다.

윌마가 열한 살이 되었을 때 겨우 목발을 짚고 일어서서 조금씩 걷게 되었습니다. 그리고 열세 살이 되자 휘청거리긴 했지만 혼자서 걷게 되었습니다.

윌마는 비록 남들보다 늦게 걸었지만 남보다 훨씬 빠르게 달릴 수 있다는 것을 알았습니다. 윌마는 달리기 선수가 되어 더 열심히 뛰었고 미국 국가 대표 육상 선수가 되었습니다.

1960년 로마 올림픽 때 윌마는 100m, 200m, 400m 계주에서 올림픽 신기록을 세우며 세 개의 금메달을 땄습니다. 소아마비 소녀 윌마는 미국의 영웅이 되었고 그해에 가장 뛰어난 선수로 뽑혔습니다.

〈인물 이야기〉

윌마가 악착같이 걸으려고 노력하지 않았다면 올림픽 금메달이라는 기적을 이룰 수 있었을까요? '지성이면 감천'이라는 말이 있습니다. 하늘을 감동시킬 만큼 노력한다면 이룰 수 없는 일도 이루어지는 것이지요.

인물 더 알기

새뮤얼 스마일스(1812~1904)

영국의 작가이며 정치 개혁가입니다. 수년간 외과 의사로 살다가 성공을 위해서 어떻게 살아야 하는가에 대해 연설하고 책을 썼습니다. 성실과 끈기, 노력으로 어려움을 극복하는 이야기를 다룬 그의 책은 많은 사람들에게 큰 영향을 끼쳤습니다.

명언 하나 더

신은 행동하지 않는 자에게는 절대로 손을 내밀지 않는다.

– 소포클레스(고대 그리스 시인)

세상에서 가장 중요한 일들은,
전혀 가망이 없는 것처럼 보이는데도
끝까지 노력하는 사람들에 의해 이루어졌다.

데일 카네기

어느 의과 대학에서 교수가 강의 시간에 학생들에게 물었습니다.

"여기 한 가정이 있습니다. 아버지는 매독이라는 병에 걸렸고 어머니는 심한 폐결핵에 걸렸습니다. 이 부부에게는 모두 네 명의 자녀가 있는데 그중에 건강한 아이는 한 명도 없습니다."

학생들은 모두가 숨소리도 내지 않고 교수의 말을 들었습니다.

"부부의 첫째 아이는 장님입니다. 둘째 아이는 몸이 허약해 시름시름 앓다가 죽었습니다. 셋째 아이는 장님에다 벙어리입니다. 게다가 넷째 아이는 결핵 환자인데 오래 살지 못한다고 합니다. 참 불행한 집안이지요."

교수는 학생들을 둘러보며 말했습니다.

"이 부부가 다섯째 아이를 가졌습니다. 여러분이라면 어떻게 하겠습니까?"

"더 이상 아이를 낳아서는 안 됩니다. 그 아이도 건강하지 못할 겁니다."

교수의 질문에 한 학생이 말했고 많은 학생들이 그 말에 동의했습니다.

"아이를 태어나지 못하게 해야 한다고 생각하는 사람, 여러분들은 방금 베토벤을 죽였습니다."

교수의 말에 학생들은 놀라 아무 말도 못 했습니다.

베토벤은 결국 병을 앓고 귀머거리로 살았습니다. 하지만 인류 역사상 최고의 음악가 중 한 명으로 존경받고 있습니다.

〈인물 이야기〉

베토벤의 부모는 자식들이 병들고 장애를 가졌지만 아이를 절대 포기하지 않았습니다. 그리고 사랑과 정성으로 길러 훌륭한 음악가로 키워 냈습니다.

세상의 위대한 일들, 훌륭한 일들은 모두가 불가능하다고 포기할 때 끝까지 노력하는 사람들에 의해 이루어집니다. 포기하지 않고 끝까지 노력하는 자체가 바로 성공입니다.

인물 더 알기

데일 카네기(1888~1955)

미국의 작가이며 자기 계발과 인간관계에 대해 많은 명강의를 한 강사입니다. 카네기 연구소를 설립하고 인간관계에 대한 책을 내어 많은 인기를 얻었습니다.

명언 하나 더

행동의 가치는 그 행동을 끝까지 이루는 데 있다.

– 칭기즈 칸(몽골의 황제)

12

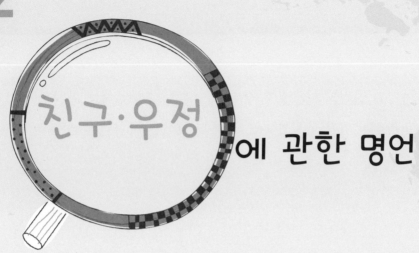

친구·우정에 관한 명언

그 사람을 모르거든 친구를 보라.

『사기』

한 농부가 물건도 나르고 농사일도 도와줄 나귀를 사려고 시장에 갔습니다.

나귀 장수는 가장 덩치가 크고 튼튼해 보이는 나귀를 보여 주며 말했습니다.

"이놈은 덩치도 크고 힘도 세서 일을 아주 잘할 겁니다."

"저는 힘이 세면서도 부지런한 나귀를 원합니다."

농부는 나귀 장수가 골라 준 나귀를 시험해 보겠다고 했습니다. 그러고는 덩치 큰 나귀를 가축우리가 있는 곳으로 데려갔습니다.

농부는 가축 관리인에게 부탁해서 나귀 장수가 골라 준 나귀를 다른 나귀들과 섞어 놓았습니다.

시간이 조금 흐르자, 농부가 데려온 나귀는 다른 나귀들을 다 제치고 가축 관리인이 제일 게으르다고 꼽은 살찐 나귀에게 다가갔습니다. 그리고 살찐 나귀 옆에 딱 붙어 아무것도 하지 않은 채 풀만 먹었습니다.

농부는 다시 나귀를 데려와 나귀 장수에게 주며 사지 않겠다고 했습니다.

"이 나귀는 게으른 나귀입니다. 같이 어울리는 녀석을 보면 알 수 있지요."

『탈무드』

농부는 나귀가 게으른지 부지런한지 알기 위해 어떤 나귀와 어울리는지 보았습니다. 사람들도 자기와 뜻이 맞고 비슷한 사람들과 어울리기 마련입니다. 그래서 친구를 보면 그 사람이 어떤 사람인지 알 수 있지요.

끼리끼리 어울린다는 말이 있듯이 현명한 사람은 어리석은 사람과, 착한 사람은 나쁜 사람과 친구가 되기 어렵거든요.

책 더 알기

『사기』

『사기』는 중국 한나라 때 사마천이라는 사람이 쓴 역사책입니다. 총 130권으로 이루어진 이 책은 중국 역사와 주변 나라의 역사를 다룬 책으로 책의 내용과 문체가 뛰어나 중국 최고의 역사책으로 손꼽힙니다.

명언 하나 더

친구는 제2의 자기 자신이다.

– 아리스토텔레스 (고대 그리스 철학자)

친구를 사귈 때 서로 알아주는 것보다 더 소중한 것은 없다.

박지원

영국 귀족 집안의 소년인 윈스턴과 가난한 평민의 아들인 알렉산더는 친한 친구가 되었습니다. 윈스턴은 아버지에게 부탁해서 가난한 알렉산더가 공부할 수 있도록 도와주었습니다. 훗날 알렉산더는 의사가 되었고 윈스턴은 정치가가 되었습니다. 윈스턴은 마침내 영국의 총리까지 되었지요.

제2차 세계대전이 일어나고 윈스턴 처칠 총리는 국가의 대표로서 여러 곳을 다니다 중동 지역에서 그만 폐렴에 걸리고 말았습니다. 당시에는 폐렴에 걸리면 거의 다 죽고 말았습니다. 게다가 처칠은 영국의 총리였고 전쟁 중이었기 때문에 고치겠다고 나서는 의사가 없었습니다.

그때 영국에서 알렉산더가 찾아왔습니다.

"내가 실험하고 있는 약이 있어요. 그 약으로 총리님을 치료해 보겠습니다."

사람들은 놀라며 반대했습니다. 영국 총리에게 실험 중인 약을 쓰다니요. 하지만 윈스턴은 믿고 허락했고 알렉산더 플레밍의 약은 윈스턴 처칠 총리를 살렸습니다. 그 약이 바로 세균 감염을 치료하는 항생제인 페니실린입니다.

〈인물 이야기〉

알렉산더는 처칠이 자신을 믿어 줄 것을 알았기 때문에 실험 중인 약을 들고 달려갔습니다. 처칠은 그런 플레밍을 잘 알고 믿었기 때문에 자신의 목숨을 맡길 수 있었습니다.

진정한 우정은 상대방의 가치를 알아보고 존중하고 믿는 데서 시작됩니다.

박지원(1737~1805)

조선 정조 시대의 학자이자 사상가이며 소설가입니다. 호는 연암이며 청나라의 발전된 문물을 받아들여 나라를 발전시키자고 주장한 학자입니다. 『허생전』, 『호질』, 『양반전』 같은 사회 비판적이며 재치와 풍자 넘치는 소설을 썼고 청나라를 여행하고 쓴 『열하일기』가 유명합니다.

명언 하나 더

좋은 친구가 생기기를 기다리는 것보다 스스로 누군가의 친구가 되었을 때 행복하다.

– 버트런드 러셀(영국의 철학자)

선한 사람을 친구로 삼아라.
그러면 너도 선한 사람이 될 것이다.

세르반테스

"찌르찌르. 내 아름다운 목소리를 너희들은 흉내도 내지 못해."

"저 깃털 좀 봐. 정말 흉하지 않니?"

이렇게 잘난 척하고 싸우기만 하는 새들의 나라에서 수꿩과 까마귀만이 사이좋게 지냈습니다.

"까마귀야, 반가워. 우리 같이 저 건너편 산까지 날아갈까?"

이렇게 친하게 지내는 수꿩과 까마귀를 보고 다른 새들은 샘이 났습니다.

"까마귀야, 수꿩이 네 털은 까맣고 보기 싫다고 하던걸."

다른 새들이 까마귀에게 거짓말을 했지만 까마귀는 믿지 않았습니다.

"그럴 리가 없어. 수꿩은 좋은 친구인걸."

새들은 수꿩에게도 거짓말을 늘어놓았습니다.

"까마귀가 너는 잘난 척이 심해서 싫다고 하더라."

하지만 수꿩은 다른 새들의 말을 믿지 않고 여전히 까마귀와 사이좋게 지냈습니다. 그것을 본 다른 새들도 점점 수꿩과 까마귀처럼 좋은 친구를 만들고 싶었습니다. 그래서 서로 인사하고 칭찬하며 좋은 친구가 되려고 노력했습니다.

새들의 나라는 아름다운 노랫소리가 가득한 천국이 되었습니다.

〈미얀마 옛이야기〉

사람은 친구의 영향을 많이 받습니다. 좋은 친구와 항상 함께하고 같이 어울려야 나도 좋은 사람이 됩니다.

인물 더 알기

세르반테스(1547~1616)

세르반테스는 스페인을 대표하는 소설가이자 극작가입니다. 그가 쓴 『돈키호테』는 세계적으로 잘 알려진 소설이며, 엉뚱한 기사인 돈키호테와 조수인 산초의 모험담을 재미있게 그린 작품입니다.

명언 하나 더

친구로부터 기대하는 것을 친구에게 베풀어야 한다.

– 아리스토텔레스(고대 그리스 철학자)

부자의 아들은 날마다 친구들과 어울려 흥청망청 돈을 쓰며 놀았습니다. 친구들에게 밥과 술을 사고 선물을 주었기 때문에 아들의 주위에는 늘 따르는 사람들이 많았지요. 부자는 이런 아들이 걱정되었습니다.

"아들아, 지금 네 주변에 있는 사람들은 진정한 친구가 아니란다."

하지만 아들은 아버지의 말을 믿지 않았습니다. 그래서 아버지는 아들과 함께 각자의 친구들을 시험해 보기로 했습니다.

아들은 죽은 돼지를 커다란 천에 둘둘 말아 싸고 친구 집을 찾아갔습니다.

"이보게. 내가 그만 재산을 몽땅 잃고 사람까지 죽이고 말았다네."

아들의 친구는 그 말을 듣고 당장 아들을 쫓아냈습니다. 다른 친구의 집도 돌아다녀 보았지만 마찬가지였습니다.

이번에는 아버지가 죽은 돼지를 메고 친구의 집에 갔습니다.

"어서 들어오게나. 자네에게 무슨 까닭이 있었겠지. 자네를 믿네."

아버지의 친구를 본 아들은 자신이 그동안 잘못된 방법으로 친구를 사귀고 있었다는 것을 느끼고 깊이 반성했습니다.

『탈무드』

진실한 마음이 아닌 선물이나 먹을 것으로 사귄 친구는 내가 좋아서가 아니라 선물이나 먹을 것이 좋아서 친한 척하는 것입니다. 돈이나 물건으로 사귀게 되는 친구는 진정한 친구가 아니기 때문에 금방 잃게 된답니다.

인물 더 알기

토머스 풀러(1608~1661)

영국의 성직자이며 역사가였습니다. 작가로서도 활발히 활동하여 많은 책을 썼습니다.

명언 하나 더

벗에게 아첨하지 마라. 허영*을 부추기는 사귐은 우정을 파괴한다.

– W.E. 채닝(미국의 목사)

*허영: 실속 없는 겉치레.

> ## 친구는 기쁨을 배로 만들고
> ## 슬픔을 반으로 줄여 준다.
>
> 키케로

두 사람이 숲을 가다가 한 명이 길 위에 놓여 있는 도끼를 발견했습니다.

"이것 좀 보게. 거의 쓰지 않은 새 도끼야. 마침 잘됐는걸."

도끼를 주운 친구가 좋아하자, 옆에 있던 친구도 함께 웃으며 좋아했습니다.

"오늘은 우리에게 운이 좋은 날인가 봐."

도끼를 주운 친구는 그 말을 듣고 정색을 하며 말했습니다.

"우리라니? 이 도끼를 주운 것은 우리가 아니라 나야. 이 도끼는 내 것이네."

함께 기뻐하던 친구는 도끼를 주운 친구의 말에 화가 났습니다.

그때 뒤에서 고함 소리가 들렸습니다.

"도끼 도둑 잡아라!"

험상궂게 생긴 도끼 주인이 그들을 보고 쫓아온 것입니다.

"어떻게 하지? 우리 이제 큰일 났네. 저 사람은 우리를 믿지 않을 거야."

도끼를 주운 친구의 말에 옆에 있던 친구가 말했습니다.

"자네가 큰일 난 거지. 그 도끼는 우리 것이 아니라 자네 것이잖아."

도끼를 주운 친구는 아까 한 말을 후회하며 도끼를 놓고 도망쳐야 했습니다.

『이솝우화』

도끼를 주운 친구는 새 도끼에 욕심을 부리는 바람에 친구도 잃고 도끼 도둑으로 몰리게 되었습니다. 진정한 친구는 좋은 일에 함께 기뻐하고 슬픈 일에 함께 슬퍼합니다.

인물 더 알기

키케로(BC 106~BC 43)

고대 로마의 정치가이자 철학자입니다. 뛰어난 웅변가이기도 했던 키케로는 로마의 혼란스러운 정치에 몸담았다가 죽임을 당했습니다. 키케로는 『국가론』, 『우정에 관하여』 등의 책과 훌륭한 글을 많이 남겼습니다.

명언 하나 더
풍요 속에서는 친구들이 나를 알게 되고, 역경 속에서는 내가 친구를 알게 된다.
– 존 철튼 콜린스(영국의 비평가)

캐나다에 사는 소년 프레더릭 밴팅에게는 제니라는 친구가 있었습니다.

둘은 같이 공놀이도 하고 달리기 시합도 하고 나무에 누가 더 빨리 오르나 내기도 하며 즐겁게 놀았습니다.

그러던 어느 날 제니가 갑자기 쓰러졌습니다. 함께 놀던 단짝 친구가 갑자기 아프자 프레더릭은 충격을 받았습니다.

"제니는 어디가 아픈가요?"

"제니는 당뇨병에 걸렸단다. 제니의 핏속에 당분이 너무 많다는 뜻이야. 아직 고칠 수 있는 약이 없단다."

프레더릭은 제니가 고통받는 것을 보고 마음 아파하며, 꼭 커서 제니의 병을 고쳐야겠다고 마음먹었습니다.

프레더릭은 열심히 공부해서 의사가 되었고, 제니를 생각하며 당뇨병 치료제를 연구했습니다. 그리고 마침내 인슐린이라는 약이 탄생했습니다.

인슐린은 당뇨병 환자에게 새로운 인생을 선물해 준 놀라운 치료제로 사랑받고 있습니다.

〈인물 이야기〉

어릴 적 친구인 제니를 사랑하고 걱정했던 마음이 인슐린이라는 기적의 치료약을 만들게 했습니다. 친구에게 도움을 주고 싶어 하는 참된 우정은 결국 자신에게도 좋은 결과를 가져다줍니다.

인물 더 알기

에라스무스(1466~1536)

르네상스 시대를 대표하는 네덜란드의 학자이자 가톨릭 사제입니다. 『우신예찬』이라는 책을 통해 교회의 부패와 타락한 모습을 고발하여 종교 개혁에 큰 영향을 끼쳤습니다.

명언 하나 더

우정은 날개 없는 사랑이다.

– 바이런(영국의 시인)

인생에서 귀중한 것은 친구이며
황금과 돈은 아무 소용없다.

이백

모든 사람이 부러워할 만큼 사이좋은 두 친구가 살았습니다.

어느 날, 한 친구가 다른 친구에게 밭을 팔았습니다. 밭을 산 친구가 밭을 갈다가 묻혀 있는 상자를 발견했습니다.

상자를 열어 보니 금화가 가득 들어 있었습니다. 밭을 산 친구는 그 길로 금화를 가지고 친구에게 달려갔습니다.

"자네가 판 밭에서 금화가 나왔네. 이것은 자네 것일세."

그러자 밭을 판 친구가 말했습니다.

"무슨 소린가. 나는 밭에 금화가 묻혀 있는지도 몰랐네. 자네가 밭을 샀으니 금화도 자네의 것이네."

두 사람은 서로 자기의 것이 아니라며 금화를 가지고 아웅다웅했습니다.

"우리 이러지 말고 랍비에게 여쭈어 보세."

두 사람은 금화를 가지고 랍비를 찾아갔습니다.

"선생님, 저는 이 친구에게서 밭을 산 것이지 금화를 산 것이 아닙니다. 그러니 금화는 제 친구의 것입니다."

"아닙니다. 제가 밭을 팔았으니 밭에서 나온 것 모두를 판 것입니다."

랍비는 곰곰이 생각하다 두 사람에게 자식이 있냐고 물었습니다.

"저에게는 나이가 찬 딸이 있습니다."

"저에게는 장가를 가야 할 아들이 있습니다."

랍비는 두 사람의 말을 듣고 고개를 끄덕거렸습니다.

"그럼 두 사람의 아들과 딸을 결혼시키고 금화를 결혼 선물로 주게나."

랍비의 현명한 판결에 두 친구는 활짝 웃었습니다.

"사이좋은 두 친구가 사돈지간이 되었구면."

랍비도 두 사람의 모습을 흐뭇하게 바라보며 미소를 지었습니다.

『탈무드』

보통 사람들 같으면 금화가 서로 자기의 것이라고 우겼겠지만, 두 사람은 서로 상대방의 것이라고 했습니다. 두 사람은 우정이 황금보다 더 소중하다는 것을 알았기 때문이지요.

황금과 돈은 있다가도 사라지고 그것이 불행을 가져올 수 있습니다. 하지만 친구는 인생을 통틀어 가장 소중한 재산인 것입니다.

인물 더 알기
이백(701~762)
이백은 중국 당나라 때의 시인이며 이태백으로 불리기도 합니다. 두보와 함께 중국 최고의 시인으로 칭송받고 있습니다.

명언 하나 더
평생 행복을 누리는 방법 가운데 가장 중요한 것은 친구들을 얻는 것이다.
– 에피쿠로스(고대 그리스 철학자)

좋은 벗을 만든다는 것은 큰 자본을 얻는 것과 같다.

크리스토프 레만

화가가 되고 싶은 두 친구가 있었습니다. 둘은 사이좋게 도시로 올라와 그림 공부를 했지만 학비와 생활비에 쪼들려 제대로 그림을 그릴 수가 없었습니다.

그러자 한 친구가 결심을 했습니다.

"내가 먼저 돈을 벌게. 너는 그림 공부만 열심히 해. 네가 성공하면 그다음에 내가 그림을 그려도 괜찮아."

친구의 말에 다른 한 친구는 망설였습니다. 친구의 희생이 너무 가슴 아팠기 때문이었지요. 하지만 이대로는 둘 다 아무것도 할 수 없을 것 같았습니다.

결국 친구의 제안을 받아들여 그림을 그릴 수 있게 된 친구는 자기 때문에 고생하는 친구를 생각하며 잠시도 쉬지 않고 열심히 그림을 그렸습니다.

세월이 흘러 열심히 그림을 그린 친구는 화가가 되었고 전시회도 열게 되었습니다. 화가는 자신을 위해 고생한 친구를 찾아갔습니다. 그리고 그곳에서 기도하고 있는 친구의 손을 보게 되었습니다. 험하고 힘든 일을 해서 군살이 박히고 뒤틀린 손이었습니다. 일만 했던 친구는 그림을 그릴 수 없을 정도로 망가진 손으로 그날도 친구를 위해 기도하고 있었습니다.

화가는 큰 감명을 받아 기도하는 친구의 손을 그렸습니다. 그 그림을 그린 뒤러라는 화가는 나중에 유명한 화가가 되었고, 그때 그린 〈기도하는 손〉은 그의 대표작이자 많은 사람들에게 사랑받는 작품이 되었습니다.

〈인물 이야기〉

뒤러는 독일의 유명한 화가입니다. 그가 유명한 화가가 되기까지에는 〈기도하는 손〉의 주인공인 친구의 값진 희생이 있었지요.

좋은 친구를 가졌다는 것은 세상에서 가장 큰 재산을 가진 것과 같습니다. 나를 돕고 성공하도록 이끄는 것은 돈이 아닌 친구입니다.

〈기도하는 손〉 알브레히트 뒤러, 1508, 알베르티나 미술관, 오스트리아

인물 더 알기

크리스토프 레만(1958~)

국제 온라인 뉴스 〈nsnbc〉의 설립자이며 편집자, 칼럼을 쓰는 사람입니다. 그는 주로 전쟁의 위험이 있는 나라와 지역에 관심을 가지고 평화와 인권을 위해 일하고 있습니다.

명언 하나 더

한 사람의 진실한 친구는 천 명의 적이 우리를 불행하게 만드는 것 이상으로 우리를 행복하게 만든다.

– 에셴 바흐(독일의 시인)

도전! 명언 만들기

▶ 노력

1. 배움은 미래를 위한 가장 큰 준비이다.

- ☐ 은(는) 미래를 위한 가장 큰 준비이다.

2. 기회는 준비된 사람에게 찾아온다.

- 기회는 ☐ 사람에게 찾아온다.

3. 하늘은 스스로 돕는 자를 돕는다.

- 하늘은 ☐ 자를 돕는다.

▶ 친구 · 우정

1. 그 사람을 모르거든 친구를 보라.

- 그 사람을 모르거든 ☐ 을(를) 보라.

2. 친구를 사귈 때 서로 상대방을 알아주는 것보다 더 소중한 것은 없다.

- 친구를 사귈 때 ☐ 것보다 더 소중한 것은 없다.

3. 좋은 벗을 만든다는 것은 큰 자본을 얻는 것과 같다.

- 좋은 벗을 만든다는 것은 ☐ 을(를) 얻는 것과 같다.